Anita Spohn

Saat und Ernte

Teil 1: Ich konnte weiterleben

Teil 2: … und was dann geschah

Ein herzliches Dankeschön geht an meine Tochter Alexandra Spohn für das Cover,

an Andreas Käser, der das ganze Buch in eine gute Form gebracht hat

und an alle, die Korrektur gelesen haben.

© Anita Spohn 2024

1. Auflage 2024

Dieses Buch ist im Buchhandel mit Softcover 8,50 € erhältlich: ISBN: 978-3-7693-2025-1,

als EPUB für 2,99 € unter ISBN 9783769363875

und außerdem kostenlos als PDF-Download auf https://anita-spohn.de

Verlag:
BoD · Books on Demand GmbH,
Überseering 33, 22297 Hamburg, bod@bod.de

Druck: Libri Plureos GmbH, Friedensallee 273, 22763 Hamburg

Inhalt

Saat und Ernte – erster Teil – das ursprüngliche Buch:

Ich konnte weiterleben...................5

Vorwort von Prof. Dr. P. Norbert Baumert.............5

Vorwort des Arztes..............................6

Einführung..................................7

Die Zeit „vorher"................................8

Vertrauen..................................10

Helfender Zuspruch..........................13

Ein Buch mit wegweisenden Worten...............15

Stille für Erkenntnisse.........................16

Vergebung – Voraussetzung für Heilung............17

Selbsterkenntnis............................20

Ich lernte das „Loslassen".....................22

Er gibt mir neue Kraft.........................23

Friede dir..................................24

Das hilfreiche Vertrauensvorbild des alten Mütterleins..27

Wo und wie finde ich Gott......................31

Die geplante Behandlung......................32

Gott ist die Wirklichkeit.......................33

Glaube oder Therapie?........................33

Wieder zu Hause............................36

Bitte und empfange..........................39

Erneuerung des Taufgelöbnisses................40

Die graue Stadt.............................43

Geben....................................47

Die Zeit der Therapie.........................48

Heilung, Glaubensprüfung oder Anfechtung?..............50

Gott führt weiter..53

Auch Glaube unterliegt dem Wachstum........................56

Das eigene Begrenzen..57

Das Knäckebrotbewusstsein.....................................57

Warum ausgerechnet ich?..59

Steine auf dem Lebensweg zur Begegnung mit IHM nutzen!...60

Die Frucht des Gebetes..61

Blockaden..63

Der Weg der Vergebung...64

Innere Heilung..66

Klima für Heilung...69

Resümee..72

Saat und Ernte – zweiter Teil:

… und was dann geschah................73

Berufung..76

Lehrhafte Begegnungen...78

Und noch ein Tag in Israel..80

Gott hört unser Gebet...84

Der Hauskreis...87

Heilung durch Vergebung...88

Herr, wir brauchen eine Segnungskirche im Herzen von Köln...90

Gemeinschaft..92

Krankheit und Tod meines Mannes.............................93

Ein Haus, vor dem ein Engel steht..............................95

Gedanken zu diesem Buch..96

Saat und Ernte – erster Teil – das ursprüngliche Buch:

Ich konnte weiterleben

Vorwort von Prof. Dr. P. Norbert Baumert

Das Besondere dieses Buches: Während viele Abhandlungen über Heilung – von theologischen „Profis" geschrieben – objektiv Wege aufzeigen, die man gehen soll, wird auf den kommenden Seiten ein persönlicher Weg beschrieben, der auf seine Weise zum Mitgehen einlädt. Die Verfasserin wagt es, von dem heilenden Wirken Gottes in ihrem Leben zu berichten und auch auf die Schwierigkeiten einzugehen, mit denen sie zu kämpfen hatte. Es ist ein Buch des Glaubens, von „Laien" für Laien. Hier kann keiner sagen: „Das ist mir zu hoch" – und doch wird die Höhe des Anspruches des Evangeliums selten so klar auf den Punkt gebracht. Auch werden viele wichtige Fragen aufgegriffen und durch Beispiele beantwortet. Was mir beim Lesen besonders auffiel, war die Einheit von göttlichem und menschlichem Wirken, das Ineinander von Gottesbeziehung und menschlichen Beziehungen, von medizinischen Maßnahmen und gläubigem Gottvertrauen. Man kann es Schritt für Schritt sehen, wie letzteres die Mitte aller Handlungen wird und wie alles andere von da her seinen Platz bekommt. Dadurch wird die medizinisch unerklärbare Heilung deutlich zum Zeichen für etwas Größeres. Auch wird dem Missverständnis vorgebeugt, als könnten wir auf diesem Wege alle unsere Beschwerden aus dem Wege räumen. Vielmehr liegt das eigentliche Glück in der völligen Abhängigkeit von Gott. Aus biblischer Sicht habe ich diese Gedanken weiter ausgeführt in meinem Beitrag

„Jesus, heile mich", in: Dem Geist Jesu folgen – Anruf und Unterscheidung, Münsterschwarzach 1988. Aber hier liegt uns in einem Beispiel vor, was dort mehr theologisch dargelegt wird.

Ein sehr persönliches Buch. Eigentlich kein Buch, sondern ein Gespräch, ein Glaubenszeugnis, ein Glaubensgespräch. Da wagt jemand, seinen Weg mit Gott offenzulegen und mit-zu-teilen. Die Verfasserin hat dies zunächst in ihrem Bekanntenkreis getan, wenn sich eine Tür auftat. Wir sind Anita Spohn dankbar, dass sie dem inneren Anruf gefolgt ist und nun auch in der Öffentlichkeit der Kirche „berichtet, was der Herr für sie getan und wie er Erbarmen mit ihr und ihrer Familie gehabt hat" (vgl. Markus 5,19).

Norbert Baumert SJ

Vorwort des Arztes

Im Januar 1981 lernte ich Frau Anita Spohn kennen. Wegen unklarer Unterleibsschmerzen war bereits eine Operation durchgeführt worden, die ein Tumorleiden ergeben hatte. Ich nahm einen weiteren operativen Eingriff vor.

Bei entsprechender Therapie bedeutete dies Anfang der 80er Jahre bei Art und Stadium der Erkrankung eine 5-Jahres-Überlebenschance von unter 10 %.

Ich erlebte, dass postoperativer Verlauf, Begleitumstände der Therapie und Genesung außerhalb meiner sonstigen Erfahrungswerte lagen.

Auch heute, zehn Jahre nach Diagnosestellung und Behandlung, kann ich bestätigen, dass Frau Spohn geheilt ist. Ich habe sie seitdem regelmäßig untersucht.

Ein Verdacht auf die Bildung von Tochtergeschwülsten besteht nicht. Sie befindet sich in gutem Allgemein-zustand und geht – wie vor dem Zeitpunkt der Erkrankung – ihrer Tätigkeit als Geschäftsfrau in vollem Umfang nach.

Der behandelnde Arzt

Prof. Dr. med. F. Paullussen

Einführung

Diese Erfahrungen während meiner Krebserkrankung, habe ich zusammengefasst und aufgeschrieben, damit Menschen in ähnlichen Situationen Mut fassen können und Gottes Wirken für möglich halten. Möge die eine oder andere Erkenntnis dazu beitragen, dass Herzen geöffnet, Versöhnungen gefeiert werden und Heilung erfolgen kann.

Wenn ich manchmal auch in kleinen Dingen ins Detail gegangen bin, so darum, weil sie oft, wie kleine Mosaiksteine, wichtig waren, um das ganze Bild zu erkennen.

Anita Spohn

Die Zeit „vorher"

„Es tut mir sehr leid, aber der pathologische Befund ist positiv." Der Arzt stand vor meinem Bett.

Meine Gedanken kreisten. Positiv, hieß das Krebs? Hatte er wirklich mich gemeint?

Es war einige Tage her. Dieses Mal war es an einem Morgen, als ich spürte, dass die Schmerzen wieder zunahmen. Ich rief meinen Vater an und bat ihn, mich zum Arzt zu fahren. Dieser hatte mich vor einigen Wochen angerufen und gesagt: „Ich habe mir noch einmal Ihre Befunde und Berichte angesehen und kann mir überhaupt keinen Reim darauf machen. Ich bitte Sie aber sehr, mich in einem akuten Stadium, gleich wann, aufzusuchen." Jetzt war es so weit.

Seit einem halben Jahr litt ich unter periodisch wieder-kehrenden Schmerzen, die sich entsetzlich zuspitzten und dann allmählich vergingen. Das erste Mal im Urlaub, oft an den Wochenenden oder in der Nacht. Es war immer so, dass die verschiedensten Ärzte hinzukamen, wenn, wie ich dann später erfuhr, ein Weichteiltumor in meinem Körper geplatzt und so nicht mehr fass- oder wahrnehmbar war. Das wiederholte sich sechsmal.

Jedes Mal hatte ich das Gefühl, sterben zu müssen. Am nächsten Tag ging es mir schon etwas besser und nach vier Tagen stand ich meistens wieder im Geschäft. Ich fühlte mich wie ein „Stehaufmännchen." Meine Eltern hatten ein Fachgeschäft für Damen-Oberbekleidung. Beide waren sie noch sehr aktiv. Jedoch leitete ich das Geschäft schon seit einigen Jahren. So konnte ich mich über mangelnde Arbeit nicht beklagen, denn ich hatte auch zu einem großen Teil meinen Haushalt zu versorgen. Zeit für unsere Tochter zu haben, auch mit ihr immer wieder im Gespräch zu sein, war für mich ein Schwerpunkt meiner Tageseinteilung.

Mein Mann, der auch in die dritte Generation eines kaufmännischen Betriebes hineingeboren worden und so auch oft zehn bis vierzehn Stunden täglich beschäftigt war, besprach abends gerne mit mir den Alltag. So kam mir mein Tag oft vor wie ein Kuchen, den ich in viele Stücke schneiden musste. Außerdem war ich über das Heranwachsen unserer Tochter in den Elternrat des Kindergartens und so in die kirchliche Arbeit der Pfarrei gelangt. Danach arbeitete ich im Pfarrgemeinderat mit. Die Aufgabe der Kommunion- und Firmkatechese übernahm ich gerne. Und da ich auch für das Organisieren im Allgemeinen wohl zuständig schien, galt es, zwischendurch noch eine Werbegemeinschaft für den ortsansässigen Einzelhandel mit zu gründen und darin mitzuarbeiten. Ich versuchte, allem, was auf mich zukam, gerecht zu werden. Diesen Zeitabschnitt meines Lebens könnte man mit der Überschrift „Hans Dampf in allen Gassen" betiteln.

Natürlich gab es auch damals schon Schwerpunkte in meinem Leben, aber da vieles in einer großen Geschäftigkeit stattfand und die Zeit zum Innehalten fehlte, „fraß" mich die Arbeit oft auf. Aus dem falschen Denken heraus: „**Ich** muss das machen", war dieser Lebensabschnitt von einem starken Aktivismus geprägt.

Nun, als ich mit meinem Vater auf dem Weg zum Arzt war und der Tumor in meinem Leib sich anschickte, zum sechsten Mal zu platzen, war diese Diagnose noch keinem klar. Als wir bei dem Arzt ankamen, überschlug sich alles ein wenig. Nach der Diagnose – er vermutete einen mechanischen Darmverschluss – fragte er mich nur, ob ich mit dem betreffenden Krankenhaus einverstanden sei. Ich war es, und so fand ich mich wenige Minuten später im Krankenwagen wieder. Es hatte sich in den letzten beiden Jahren schon so vieles ereignet, dass ich auf dem Weg ins Krankenhaus in der Lage war zu beten: **„Jesus, wenn du mitfährst, muss es gut werden."**

Vertrauen

Wenn ich mich heute frage, wann mein Vertrauen zu Gott begann, so glaube ich, dass ich da eine ganz konkrete „Geburtsstunde" benennen kann. Sicher hatte ich das Glück, ein christliches Elternhaus zu haben, eine Großmutter, die mich beten lehrte, einen Vater, der sechs Jahre Krieg und fünf Jahre russische Gefangenschaft überlebte und uns später oft von unmöglichen Situationen erzählte, aus denen er errettet worden war. Auch in allem, was mein Leben oder später auch das meines Mannes und das unseres Kindes betraf, erlebten wir viele Situationen, in denen ich von „Glück" und „Zufall" redete.

Aber all das hatte noch nichts zu tun mit dem uneingeschränkten Vertrauen, das Gott von uns erwartet und fordert, um zu handeln, und das er uns schenkt, wenn wir offen sind. Heute weiß ich, dass Gott Krankheit und Leid zulässt, als Anlass für die Begegnung mit ihm. Als wir vor kurzem in einem Seminar waren, fand ich neben unserer Zimmertüre ein Poster mit der Aufschrift: „Ich glaube, dass die Krankheiten Schlüssel sind, die uns gewisse Türen öffnen können." Rückblickend kann ich dies nur bestätigen. Die erste Erfahrung durfte ich vor Jahren machen, als meine Mutter mit einem totalen Nierenversagen im Krankenhaus lag.

Ich kannte sie eigentlich nur als eine äußerst vitale, einsatzbereite Geschäftsfrau. Nun lag sie im Krankenhaus ohne Nierenfunktion, nicht in der Lage, mich oder meinen Vater, der mich mittags am Krankenbett ablöste, zu erkennen. Sein Anruf am Abend: „Wenn du Mama noch einmal sehen willst, musst du sofort kommen" traf mich mitten ins Herz.

In diesem Augenblick erinnerte ich mich an eine Situation, die ich etwa achtzehn Jahre vorher erlebt hatte. Damals war ich in einem Gottesdienst anwesend, in dem für den sterbenden Pfarrer gebetet wurde. Monate später nahm ich wieder teil an einem Dankgottesdienst eben dieses Priesters, der in der Stunde, als die Gemeinde für ihn betete, Heilung erfuhr, die dann in den Wochen darauf fortschritt. Sein Zeugnis war der Samen in meinem Herzen, der nach so langer Zeit Frucht und einen Glauben hervorbrachte, der mich aus einem Impuls heraus etwas für mich damals Untypisches tun ließ. Ich kniete mich mitten in meine Küche und betete: „Herr, so wie der Hauptmann dir seinen kranken Knecht (Sohn) empfohlen hat, so bringe ich dir heute meine Mutter, in dem Wissen, dass, wenn kein Arzt ihr zu helfen vermag, du sie heil machen kannst." Dieses Gebet kam nicht nur von den Lippen, sondern aus meinem tiefsten Herzen. Der Impuls hierzu stammt aus der Bibelstelle Matthäus 8,5-13:

„Der Hauptmann von Kafarnaum":

Als er nach Kafarnaum kam, trat ein Hauptmann an ihn heran und bat ihn: „Herr, mein Diener liegt gelähmt zu Hause und hat große Schmerzen." Jesus sagte zu ihm: „Ich will kommen und ihn gesund machen." Da antwortete der Hauptmann: „Herr, ich bin es nicht wert, dass du mein Haus betrittst; sprich nur ein Wort, dann wird mein Diener gesund. Auch ich muss Befehlen gehorchen, und ich habe selber Soldaten unter mir; sage ich nun zu einem: ›Geh!‹, so geht er, und zu einem anderen: ›Komm!‹, so kommt er, und zu meinem Diener: ›Tu das!‹, so tut er es." Jesus war erstaunt, als er das hörte, und sagte denen, die ihm nachfolgten: „Amen, das sage ich euch: Einen solchen Glauben habe ich in Israel noch bei niemand gefunden. Ich sage euch: Viele werden von Osten und Westen kommen und mit Abraham, Isaak und Jakob im Himmelreich zu Tisch sitzen; die aber, für die das Reich bestimmt war, werden hinausgeworfen in die äußerste Finsternis; dort werden sie heulen und mit den Zähnen knirschen." Und zum Hauptmann sagte Jesus: „Geh! Es soll geschehen, wie du geglaubt hast." Und in derselben Stunde wurde der Diener gesund.

Es vergingen noch einige Tage des Bangens auf der Intensivstation und noch einige Wochen Krankenhausaufenthalt. Zwischendurch gab es ein Gespräch mit dem Chefarzt des Krankenhauses, das für mein Leben dann noch unendlich wichtig werden sollte. Er sagte mir wörtlich: „Ich möchte Ihnen gerne etwas mit auf den Weg geben: dafür, dass die Nieren Ihrer Mutter plötzlich wieder arbeiteten, haben wir medizinisch keine Erklärung. Sie nahmen plötzlich ganz einfach wieder ihre Funktion auf. **„Je nach ihrer Auffassung können sie es entweder bei den Zufällen oder bei den Wundern einordnen.**"

Obwohl Gott in unserem Leben vorher schon unendlich oft gewirkt hatte, tat ich es dieses Mal nicht mit der Bemerkung von Glück oder Zufall ab, sondern erlebte zum ersten Mal **bewusst** die Verheißung Jesu: Alles, worum ihr betet und bittet – glaubt nur, dass ihr es schon erhalten habt, dann wird es euch zuteil (Markus 11,24). Es gibt wirklich so viele Zufälle, die einem von Gott „zufallen", dass man nur staunen kann.

Zurück in meine Situation:

Helfender Zuspruch

In der Hoffnung und dem Wissen, dass es da einen wirkmächtigen Gott gab und ich nicht alleine war, ging ich in die erste Operation, bei der der Arzt dann andere Dinge fand als erwartet. Als ich wieder aufnahmefähig war, fand ich einen lieben Brief eines mir bekannten Priesters vor. Neben aufmunternden Worten und der Zusicherung, beim Messopfer für mich zu beten, fand ich zwei Dinge, die mir zum Wegweiser wurden. Erstens: eine Keramikplakette mit einem Psalmwort: **„Er gibt mir neue Kraft"** und zweitens: einen Spruch von Martin Buber, den ich von Stund an begann zu praktizieren:

Wer das helfende Wort in sich aufruft, erfährt das Wort.

Wer Halt gewährt, verstärkt in sich den Halt.

Wer Trost spendet, vertieft in sich den Trost.

Wer Heil wirkt, dem offenbart sich das Heil.

Heute darf ich sagen, dass die Worte für mich ein klarer Wegweiser und das Praktizieren die ersten Schritte auf einem Weg waren, der mir konkret geführt scheint. Meine Möglichkeiten damals im Krankenzimmer waren nicht groß und erschöpften sich in einem dankbaren Wort an die Schwestern, einem aufmunternden an die Bettnachbarin, einem freundlichen an die Frauen, die sauber machten, und einem verständnisvollen und dankbaren Wort an die Ärzte, deren Tag oft lang und mühevoll war.

So kam der Tag, an dem der pathologische Befund ergab, dass es sich um Krebs und nicht um einen Darmverschluss handelte. Es war ein geplatzter Weichteiltumor, dessen Inhalt sich dann wahrscheinlich schon sechsmal im Bauchraum verteilt hatte. Das waren die periodisch wiederkehrenden Schmerzen gewesen, die aber nie erkannt wurden.

Als der Arzt es mir sagte, konnte ich nicht weinen und wurde ganz still. In mir war es, als liefe ein Film ab. Es waren hintereinander Szenen, an deren Ende ein Frage-zeichen stand. War es ein Todesurteil? Was geschieht mit unserer Tochter, wer wird für sie da sein, wenn sie jemand braucht? Sie war erst zehn Jahre alt. Mein Mann, der sich in den letzten Tagen tapfer erkundigt hatte, wie man Hemden und Socken wäscht, was wurde aus ihm, wie würde er es auffassen? Würde er daran zerbrechen? Wir hatten uns immer ausgesprochen gut verstanden. Ich sah meine Eltern vor mir. Sehr früh war ich in die Verantwortung genommen worden. Das hatte mich geprägt. Ich war das einzige Kind. Was war mit dem Geschäft? Sollte ich einen Räumungsverkauf machen, solange ich noch in der Lage dazu war? Dann habe ich diese Frage dem Arzt gestellt. Er riet mir, zunächst abzu-warten.

Ich erklärte ihm, dass ich keinem etwas davon sagen wollte, ich müsste alleine damit fertig werden. Er sagte mir, dass ich es wenigstens meinem Mann sagen müsste, weil ich alleine daran „ersticken" würde.

Durch den Befund ergab sich die Notwendigkeit einer weiteren Operation, die schnellstens durchgeführt werden musste. Wie sollte ich sie meinen Eltern erklären? Der Arzt half mir, medizinisch eine plausible Erklärung zu geben. So wollte ich ihnen vorläufig nichts sagen. Dann rief ich den Priester an, der mir bereits so aufmunternde Worte und wegweisende Dinge geschickt hatte, und bat ihn erneut um intensive Gebetshilfe, das Feiern des Messopfers für mich und um Stillschweigen. Meinen Mann rief ich dann doch an und sagte ihm den Befund. Er kam umgehend und versicherte mir in liebevoller und äußerlich ruhiger Art, dass wir mit der Hilfe Gottes gemeinsam damit fertig würden.

Ein Buch mit wegweisenden Worten

Ich erinnerte mich plötzlich an ein Buch, das mir einmal in die Hand gekommen war, in dem ein Kapitel die Überschrift trug: **„Durch Versöhnung mit der Schwiegermutter von Krebs geheilt"**. Die Behauptung schien mir so ausgefallen, dass sie in mein Unterbewusstsein eingemeißelt schien. Ich schrieb mir damals den Titel des Buches auf und versprach mir selbst, es zu lesen, wenn ich „Zeit" hätte. Aber scheinbar hatte ich keine Zeit. Nun aber bat ich meinen Mann, in meiner Brieftasche nachzuschauen. Ich hatte sie im Laufe der Zeit sicher zehnmal von unnötigen Zetteln befreit. Aber siehe da, ein Stück Papier mit dem Titel war noch vorhanden, und mein Mann bestellte mir das Buch (das es heute nicht mehr gibt).

Dann verabschiedete er sich für vier Tage, er musste geschäftlich nach Nürnberg zur Messe. Ich wusste, dass es eine Notwendigkeit war, und er versprach, sich täglich zu melden. Der erste Abend verging, und ich hatte nichts von ihm gehört. Mein Verstand sagte mir, dass ein Telefonat sich nicht ergeben hatte, aber irgend etwas in meinem Inneren hatte Gefallen daran, mir immer wieder zu sagen: „Wenn es umgekehrt wäre, du würdest zehn Kilometer laufen, um eine Telefonzelle zu finden" (es gab noch keine Handys), und mein Verstand sagte mir, dass mein Mann zwanzig Kilometer laufen würde. Meine Psyche aber wollte das nicht verstehen.

So weinte ich in dieser Nacht, ohne aufhören zu können, und spürte eine Verlassenheit und Einsamkeit, die ich nie kennen gelernt hatte und die ja eigentlich auch nicht zutraf. Ich glaube, dass ich diese Nacht erleben musste, um viele kranke und depressive Menschen verstehen zu können, die später zu mir kamen und sich unendlich verlassen fühlten. Mein Mann rief am nächsten Tag an. Als er zurück war, erzählte ich ihm von dieser Nacht. Er schaute mich an und sagte: „Weißt du, mir ging es schon tagsüber genauso. Ich musste ins Hotel gehen und konnte mich nicht mehr zusammennehmen. In diesem Zustand war es mir unmöglich, mit dir zu telefonieren." Er hatte nicht unrecht, denn unbewusst lauerte ich auf jede Regung und Bemerkung, auch der Ärzte und Schwestern. Ich horchte doppelt hin, ob da nichts gesagt würde, was man mir verschwieg.

Stille für Erkenntnisse

In diesen Tagen erhielt ich das Buch, welches mein Mann mir bestellt hatte. Es führte mich zu unwahrscheinlich tiefen Erkenntnissen. Bis zu diesem Zeitpunkt war Beten für mich ein Monolog gewesen. Ich sprach zu Gott und hoffte, dass er es verstanden hatte. Unbewusst hatte mein Mann, der bereits nach der ersten Operation jeden Besuch und alle Telefonate abgeblockt hatte, mir eine Insel der Ruhe geschaffen. Das Wort Gottes auf meinem Lesezeichen „Werdet stille und wisset, dass ich Gott bin" (Ps. 46,11) wurde mir klar. Nur in der Stille konnte ich Gott finden. In diesem Buch kam es nun zu einem Dialog mit Ihm. Auf Fragen, die mir kamen, erhielt ich in diesem Buch eine Antwort.

Diese Erfahrung und auch das Hören auf die Stille und die Gedanken, die sich ergaben, erfüllten mich statt mit Depression wegen der Krankheit mit unendlicher Freude. Der eine oder andere, der dies liest, wird das für übertrieben halten. Vielleicht muss man es auch selbst erlebt haben, um es zu glauben. Jede neue Erkenntnis, die mir kam, besprach ich abends mit meinem Mann. Das Gebet des uns begleitenden Priesters und das Feiern des Messopfers für mich, die Spendung der Krankensalbung im Krankenhaus und dort auch das Mitfeiern und Empfangen der Eucharistie trugen mich in unerklärlicher Weise. Ich lernte, mich bei den Messfeiern auf jedes Wort zu konzentrieren, weil es mir durch die Schwäche sonst sofort schlecht wurde. Dadurch wurde mir ganz neu bewusst, wie aufbauend das war, was dort am Altar geschah und gesagt wurde. Es war mir vorher schon fast zur Routine geworden. Die Predigt unseres Pfarrers von den Spuren im Sand kam mir in den Sinn:

Es ging ein Mann mit Gott am Meeresstrand entlang. Er schaute sich um und sagte: „Herr, schau, dort ist mein ganzes Leben zu sehen, überall zwei Fußspuren. Immer bist du mit mir gegangen. Nur dort hinten, da ist nur eine Spur zu sehen. Das war, als ich krank war, da hast du mich allein gelassen".

Gott schaute ihn an und sagte: „Du irrst, mein Freund, während dieser Zeit habe ich dich getragen."

Vergebung – Voraussetzung für Heilung

Die größte Einsicht war die Erkenntnis der Ursache meiner Krankheit. Wie ein Spiegel, in den ich hinein-schaute, erschienen mir die Beispiele, die der Verfasser des Buches anführte. Es war hier von Zerwürfnissen, Anklagen, vom Herumtragen von Dingen, die zur Krank-heit führten, die Rede. Er sagte ganz klar:

„Immer müsst ihr zuvor anderen ihre Irrtümer und Mängel vergeben und euch mit ihnen versöhnen, bevor eure Unzulänglichkeiten und Leiden von Gott aufgehoben werden."

Ganz klar wurden mir auf einmal die Worte des „Vater unser", die ich sicher schon tausende Male, ohne Einsicht, in meinem Leben gebetet hatte: **Vergib uns unsere Schuld, wie auch wir vergeben unseren Schuldigern**. Jesus wusste, warum er es uns lehrte. Im Matthäus Evangelium Kapitel 6, Verse 12,14,15 heißt es sogar:

... wie wir sie unseren Schuldnern erlassen haben. Denn wenn ihr den Menschen ihre Verfehlungen vergebt, dann wird euer himmlischer Vater auch euch vergeben. Wenn ihr aber den Menschen nicht vergebt, dann wird euch euer Vater eure Verfehlungen auch nicht vergeben.

Bei Markus 11,25 heißt es:

Und wenn ihr beten wollt und habt einem anderen etwas vorzuwerfen, dann vergebt ihm, damit auch euer Vater euch eure Verfehlungen vergibt.

Bei Jesus Sirach 28,1-5 heißt es:

*Wer sich rächt, an dem rächt sich der Herr, dessen Sünden behält er im Gedächtnis. Vergib deinem Nächsten das Unrecht, dann wird dir, wenn du betest, auch deine Schuld vergeben. Der Mensch verharrt im Zorn gegen den andern. Vom Herrn ersucht er **Heilung zu erlangen**? Mit seinesgleichen hat er kein Erbarmen, aber wegen seiner eigenen Sünden bittet er um Gnade? Obwohl er nur ein Wesen aus Fleisch ist, verharrt er im Groll, wer wird da seine Sünden vergeben?*

Bei Matthäus 5,7 spricht Jesus bei den Seligpreisungen:

Selig sind die Barmherzigen, denn sie werden Barmherzigkeit finden.

Paulus schreibt an die Kolosser 3,13:

Ertraget euch gegenseitig und vergebt einander, wenn einer dem andern etwas vorzuwerfen hat. Wie der Herr euch vergeben hat, so vergebt auch ihr!

Im Jakobusbrief 2,13 heißt es:

Denn das Gericht ist erbarmungslos gegen den, der kein Erbarmen gezeigt hat. Barmherzigkeit triumphiert über das Gericht.

Noch viele Bibelstellen könnte ich anführen, in denen wir aufgefordert werden zu verzeihen. Aber ein Gleichnis möchte ich noch ganz besonders hervorheben:

Das Gleichnis vom unbarmherzigen Schuldner (Matthäus 18)

Mit dem Himmelreich ist es deshalb wie mit einem König, der beschloss, von seinen Dienern Rechenschaft zu verlangen. Als er nun mit der Abrechnung begann, brachte man einen zu ihm, der ihm zehntausend Talente schuldig war. Weil er aber das Geld nicht zurückzahlen konnte, beschloss der Herr, ihn mit Frau und Kindern und mit allem, was er besaß, zu verkaufen und so die Schuld zu begleichen. Da fiel der Diener vor ihm auf die Knie und bat: Hab Geduld mit mir. Ich werde dir alles zurückzahlen. Der Herr hatte Mitleid mit dem Diener und schenkte ihm die Schuld. Als nun der Diener hinausging, traf er einen anderen Diener seines Herrn, der ihm hundert Denare schuldig war. Er packte ihn, würgte ihn und rief: Bezahl, was du mir schuldig bist. Da fiel der andere vor ihm auf die Knie und flehte: Hab Geduld mit mir! Ich werde es dir zurückzahlen. Er aber wollte nicht, sondern ging weg und ließ ihn ins Gefängnis werfen, bis er die Schuld bezahlt habe. Als die übrigen Diener das sahen, waren sie sehr betrübt; sie gingen zu ihrem Herrn und berichteten ihm alles, was geschehen war. Da ließ ihn sein Herr rufen und sagte zu ihm: Du elender Diener! Deine ganze Schuld habe ich dir erlassen, weil du mich so angefleht hast. Hättest nicht auch du mit jenem, der gemeinsam mit dir in meinem Dienst steht, Erbarmen haben müssen, so wie ich mit dir Erbarmen hatte? Und in seinem Zorn übergab ihn der Herr den Folterknechten, bis er die ganze Schuld bezahlt habe. Ebenso wird mein himmlischer Vater jeden von Euch behandeln, der seinem Bruder nicht von ganzem Herzen vergibt.

Jesus erzählte dieses Gleichnis auf die Frage des Petrus hin: Herr, wie oft muss ich meinem Bruder vergeben, wenn er sich gegen mich versündigt? Siebenmal? Jesus sagte zu ihm: Nicht siebenmal, sondern siebenundsiebzig Mal. Das heißt, immer wieder neu. Auch die Schuldsumme des Schuldners in Höhe von zehntausend Talenten (das sind hundert Millionen Denare) ist unrealistisch hoch. Jesus will uns damit nur sagen, wie oft und wie viel Gott uns immer wieder vergeben muss, weil wir schuldig werden. Und wie schwer tun wir uns, wenn wir unseren Mitmenschen oft wirklich nur kleine Dinge verzeihen sollen. Wie oft tragen wir sie nach, manchmal bewusst, aber auch vielfach tief in unserem Unterbewusstsein verschlossen.

Selbsterkenntnis

Eine Neurologin, die ich Jahre zuvor wegen häufiger Kopfschmerzen konsultierte, hatte mich gefragt, ob in meiner Familie alles in Ordnung und harmonisch wäre.

Schimpfend erzählte ich damals meinem Mann davon, dass diese „Seelenärzte" doch immer nur Hader witterten. Aber doch nicht bei uns! Beim Lesen des für mich wegweisenden Buches, das mein Mann mir besorgt hatte, zerriss dann urplötzlich der Vorhang der Selbsttäuschung, und laute Szenen kamen mir vor Augen. Ich hatte einen sehr guten Vater und teilte mit ihm das Büro.

Dort war es immer öfter zu Gesprächen, Auseinandersetzungen und zu Konfrontationen, fast ausschließlich aus geschäftlichen Gründen, gekommen. Diese waren zwar am nächsten Tage vergessen, aber manche Anschuldigung „türmte" sich in meinem Unterbewusstsein auf, dass es mich manchmal zu erdrücken schien. Und dort saß dann auch meine Anklage. Tat ich doch von morgens bis abends, was ich nur konnte, und oft war es immer noch nicht gut. Es wurde mir schlagartig klar, dass ich da ein falsches Denken hatte, dass ich auftürmte und nachtrug, statt zu verzeihen, dass jedes laute oder böse Wort – auch meines – verletzte und von Gott trennte.

Nun wusste ich eines, ich hatte diese Sache mit meinem Vater auszuräumen. Aber dann konnte ich meinen Eltern auch meinen Gesundheitszustand nicht länger verheimlichen. Ich lernte gerade mit Gott zu reden. Es war Mittwoch, der Tag, an dem meine Eltern und meine Tochter mich normalerweise besuchten. Ich wusste, dass ich vor dem Kind nicht reden konnte. So bat ich Gott um ein klares Zeichen: Würde sie mitkommen, würde ich zunächst schweigen, kam sie nicht mit, konnte ich mit meinem Vater reden. Es dauerte etwa eine halbe Stunde, da klingelte das Telefon. Mein Vater fragte an, ob es schlimm wäre, wenn die Kleine heute nicht mitkäme. Eine Freundin hätte sie eingeladen und sie ginge so gerne dort spielen. Ich sagte leise: „Danke, lieber Gott" und wusste, was ich zu tun hatte.

So kam es zum Gespräch mit meinen Eltern. Meine Mutter war äußerst verzweifelt und fand ihre Vermutung und Ängste bestätigt. Meinem Vater erklärte ich meine Erkenntnisse und bat ihn unter Tränen, die ich nicht zurückhalten konnte, um Verzeihung. Er brauchte bis zum nächsten Tag, um dann wiederzukommen und mit mir zu reden. Es kam wieder zu einem von Liebe getragenen Verhältnis. Ich durfte überhaupt feststellen, dass rund um mich herum ein breiter Ring von Liebe und Harmonie war, der sich zunehmend verdichtete und auch später anhielt. Genau dieses „Klima" ist, so wie ich meine, die Grundlage des Heilwerdens.

Ich verpflichtete auch meine Eltern zum Stillschweigen, wenn sie mir helfen wollten. Damit hatten mein Mann und ich, wohl zunächst unbewusst, von Anfang an das Richtige getan. Ich wollte mir zu Hause das Spießruten-laufen ersparen. Es kannten mich viele Leute und ich konnte mir das Ausweichen, die Hilflosigkeit und auch bei den meisten die leeren Worte vorstellen. Genau diese Kriterien hatte ich ein halbes Jahr zuvor an mir selbst beobachtet, als ich eine Bekannte im letzten Krebs-stadium besuchte. Ich war nicht in der Lage, ihr etwas zu sagen, was sie aufgebaut oder ihr ein wenig Trost gegeben hätte. Meine Worte schienen mir wie Phrasen und ich spürte die Peinlichkeit. So wie es mir damals ging, geht es, ohne bösen Willen, wohl den meisten Menschen. Außerdem haben negative Reden und negatives Denken eine ungeheure Kraft.

Ich lernte das „Loslassen"

Immer wieder gab es auch Momente der Zweifel, der Angst und der ungelösten Fragen, die sich wiederholten: Was wird aus meinem Kind, was machen mein Mann und meine Eltern ohne mich, wie wird es im Geschäft weitergehen?

Aber ich gestattete diesen Gedanken nicht, sich in mir festzusetzen. Ich lernte auch, mich nicht so wichtig zu nehmen, und wusste, dass Gott sorgen würde. Die Angst vor dem Tode verlor ich, weil die Vorstellung in mir war, dass der Geist, der mich belebte, weiterleben würde und nur der materielle Körper sterben konnte. Der Tod schien mir so wie der Umzug in ein schöneres Haus.

So konnte ich mein Leben loslassen und annehmen, was da kommen würde. Damals, wohl unbewusst, war ich in der Lage, nach dem Wort Jesu zu handeln, das bei Johannes 12,25 steht:

Wer an seinem Leben hängt, wird es verlieren, wer aber sein Leben in dieser Welt gering achtet, wird es bewahren bis ins ewige Leben.

Er gibt mir neue Kraft

Inzwischen erholte ich mich von der zweiten Operation, nahm dankbar die Hilfe und Liebe der Schwestern an und freute mich, wenn ich in „meinem" Buch lesen konnte, manchmal nur eine halbe Seite, manchmal auch viel mehr. Ich hatte nun ein Einzelzimmer, sehr viel Ruhe, fast keinen Besuch, fast keine Telefonate und sehr viel Zeit, nachzudenken und in mich hineinzuhorchen. Rückwirkend möchte ich sagen, dass es mit die wichtigsten Kriterien meines Heilwerdens waren, denn die lagen für mich nicht in der Ablenkung, sondern in der Konfrontation. Ich meine hier keineswegs dieses Fixiertsein auf die Krankheit, aus dem nur Selbstmitleid entsteht, das sehr gefährlich ist, sondern ein Auseinandersetzen.

Zehn- bis zwanzigmal am Tage nahm ich oft die mir geschenkte Plakette mit dem Psalmwort aus meiner Nachttischschublade, und es wurde mir zum Versprechen: **Er gibt mir neue Kraft.**

Die Gespräche mit meinem Mann halfen uns beiden oft, Klarheit zu bekommen. Unser Kind tat in der Schule alles, um mir Freude zu machen. Meine Eltern übernahmen zu einem großen Teil meine Arbeit mit.

Friede dir

Auf der Station gab es eine junge Krankenschwester, die so viel Güte und Freundlichkeit ausstrahlte, dass ich mich von Anfang an sehr zu ihr hingezogen fühlte. Eines Tages konnte ich, immer im Bemühen, den vorne bereits angeführten Rat Martin Bubers zu erfüllen, ihr Hilfe sein. Daraus entwickelte sich eine Korrespondenz, die sie mir abends gab, wenn sie Feierabend hatte. Karten, die mir Hoffnung machten und mich zum Gespräch mit ihr anregten. Ich fragte sie nach ihrem Glauben und erzählte ihr von meinen Erfahrungen mit Gott während meiner Krankheit. Am nächsten Abend gab sie mir einen dicken Briefumschlag.

Sie sagte: „Ich habe gestern Abend für Sie gebetet, woraufhin ich das Gefühl hatte, ich sollte Ihnen diesen Brief schreiben und einige Dinge weitergeben."

Ich las später in Ruhe. Als erstes fiel mir ein Büchlein in die Hand, das die Überschrift trug:

Die Verheißungen Jesu.

Ich schlug es auf und las aus Matthäus 17,14-21:

Die Heilung eines mondsüchtigen Jungen

*Als sie zurückkamen, begegneten sie einer großen Zahl von Menschen. Da trat ein Mann auf ihn (Jesus) zu, fiel vor ihm auf die Knie und sagte: Herr, hab Erbarmen mit meinem Sohn! Er ist mondsüchtig und hat schwer zu leiden. Immer wieder fällt er ins Feuer oder ins Wasser. Ich habe ihn schon zu deinen Jüngern gebracht, aber sie konnten ihn nicht heilen. Da sagte Jesus: 0 du ungläubige und unbelehrbare Generation! Wie lange muss ich noch bei euch sein? Wie lange muss ich euch noch ertragen? Bringt ihn her zu mir! Dann drohte Jesus dem Dämon. Der Dämon verließ den Jungen, und der Junge war von diesem Augenblick an geheilt. Als die Jünger mit Jesus allein waren, wandten sie sich an ihn und fragten: Warum konnten denn wir den Dämon nicht austreiben? Er antwortete: Weil euer Glaube so klein ist. Amen, das sage ich euch: Wenn euer Glaube auch nur so groß ist wie ein Senfkorn, dann werdet ihr zu diesem Berg sagen: Rück von hier nach dort!, und er wird wegrücken. **Nichts wird euch unmöglich sein.***

Die **Zusage**, wenn ihr Glauben hättet, würde euch **nichts** unmöglich sein, traf nicht nur mein Ohr oder meine Gedanken, sondern mein tiefstes Inneres. Ich spürte, dass Jesus mir hier ganz speziell etwas zusprach, was er uns verheißen hatte. Dann fand ich noch einen Brief im Umschlag, in dem die Schwester mir Geborgenheit in Gott für mein ganzes Leben und das Geführtwerden in all seine Wahrheiten wünschte. Sie fügte Verse hinzu, die ihr viel bedeuteten:

Jesus hat mir zugesprochen: Er, der nie sein Wort gebrochen – gültig heute, jetzt und hier:

Friede dir!

Schuld von gestern ist vergeben, heute darf ich mit ihm leben, heute gilt sein Zuspruch mir:

Friede dir!

Mitten in den Bangigkeiten, die mich durch den Tag begleiten, wird sein Wort zur Hilfe mir:

Friede dir!

Ob auch ungelöste Fragen ruhelos einander jagen, Ruhe gibt sein Grußwort mir:

Friede dir!

Wenn wie Wellen graue Sorgen überrollen schon den Morgen, schenkt sein Wort die Rettung mir:

Friede dir!

Wenn die Nacht auch lange dauert, Wege scheinen wie vermauert – sein Wort ist sein Licht schon hier:

Friede dir!

So kann ganz getrost ich wandern, denn von einem Tag zum andern geht doch das Wort des HERRN mit mir:

Friede dir!

Diese Verse schienen mit jedem Wort auf meine Situation einzugehen. Aber nicht nur dieser Friede war mir zugesagt, sondern ein großes Gottvertrauen und ein starker Glaube wurden mir in dieser Stunde geschenkt. Dieser schloss nicht nur damals meine Krankheit, sondern auch bis heute die kleinen und großen Dinge des Alltags ein. In dieser Stunde konnte Glaube zur Hoffnung werden.

Das hilfreiche Vertrauensvorbild des alten Mütterleins

Es war seltsam, aber dort im Krankenbett, im Zusammenhang mit dem Wort Gottvertrauen, fiel mir eine Ballade von der Gottesmauer ein, die ich als junges Mädchen einmal gelesen hatte und die wohl einen starken Eindruck in mir hinterlassen hatte. In den ganzen Jahren hatte ich sie vergessen. Und nun, aus heiterem Himmel, kamen mir dort im Krankenhaus die Gedanken an das alte Mütterlein, das unbeirrt, trotz unüberhörbaren gegenteiligen Tatsachen auf die Hilfe Gottes baute und ihm gleichsam das Unmögliche zutraute.

Später fand ich dieses Buch wieder und damit auch die beispielgebenden Verse des Clemens Brentano:

Die Gottesmauer

Drauß bei Schleswig vor der Pforte
Wohnen armer Leute viel.
Ach, des Feindes wilder Horde
Werden sie das erste Ziel.
Waffenstillstand ist gekündet,
Dänen ziehen ab zur Nacht.
Russen, Schweden sind verbündet,
Brechen her mit wilder Macht.
Drauß bei Schleswig, weit vor allen,
Steht ein Häuslein ausgesetzt.

Drauß bei Schleswig in der Hütte
Singt ein frommes Mütterlein:
„Herr, in deinen Schoß ich schütte

Alle meine Angst und Pein."
Doch ihr Enkel, ohn Vertrauen,
Zwanzigjährig, neuster Zeit,
Will nicht auf den Herren bauen,
Meint der liebe Gott wohnt weit.

Drauß bei Schleswig in der Hütte
Singt ein frommes Mütterlein.
„Eine Mauer um uns baue",
Singt das fromme Mütterlein,
„Dass dem Feinde vor uns graue,
Hüll in deine Burg uns ein."
„Mutter", spricht der Weltgesinnte,
„Eine Mauer uns ums Haus
Kriegt unmöglich so geschwinde
Euer lieber Gott heraus."

„Eine Mauer um uns baue",
Singt das fromme Mütterlein.
„Enkel, fest ist mein Vertrauen.
Wenns dem lieben Gott gefällt,
Kann er uns die Mauer bauen.
Was er will, ist wohl bestellt."
Trommeln romdidom rings prasseln,
Die Trompeten schmettern drein,
Rosse wiehern, Wagen rasseln,
Ach, nun bricht der Feind herein.

„Eine Mauer um uns baue",
Singt das fromme Mütterlein.

Rings in alle Hütten brechen
Schwed und Russe mit Geschrei,
Lärmen, fluchen, drängen, zechen,
Doch dies Haus ziehn sie vorbei.
Und der Enkel spricht in Sorgen:
„Mutter, uns verrät das Lied",
Aber sieh, das Heer vom Morgen
Bis zur Nacht vorüberzieht.

„Eine Mauer um uns baue",
Singt das fromme Mütterlein.
Und am Abend tobt der Winter,
An das Fenster stürmt der Nord,
„Schließt den Laden, liebe Kinder",
Spricht die Alte und singt fort.
Aber mit den Flocken fliegen
Vier Kosakenpulke an,
Rings in allen Hütten liegen
Sechzig, auch wohl achtzig Mann.

„Eine Mauer um uns baue",
Singt das fromme Mütterlein.
Bange Nacht voll Kriegsgetöse;
Wie es wiehert, brüllet, schwirrt,
Kantschuhhiebe, Kolbenstöße,
Weh! des Nachbarn Fenster klirrt:
Hurra, Stupai, Boschka, Kurma,
Schnaps und Branntwein, Rum und Rack,
Schreit und flucht und packt die Turba,
Erst am Morgen zieht der Pack.

„Eine Mauer um uns baue",
Singt das fromme Mütterlein.
„Eine Mauer um uns baue",
Singt sie fort die ganze Nacht;
Morgens wird es still: „o schaue,
Enkel, was der Nachbar macht."
Auf nach innen geht die Türe,
Nimmer käm er sonst hinaus;
Dass er Gottes Allmacht spüre,
Lag der Schnee wohl mannshoch draus.

„Eine Mauer um uns baue",
Sang das fromme Mütterlein.
„Ja, der Herr kann Mauern bauen,
Liebe, fromme Mutter, komm,
Gottes Mauer anzuschauen!"
Rief der Enkel und ward fromm.
Achtzehnhundertvierzehn war es,
Als der Herr die Mauer baut'.
In der fünften Nacht des Jahres.
Selig, wer dem Herrn vertraut!
„Eine Mauer um uns baue",
Sang das fromme Mütterlein.

Ganz sicher waren dem Verfasser die Worte Jesu: **Bittet und empfanget** im Herzen.

Wo und wie finde ich Gott

In früheren Jahren war mir schon öfter das Gebot begegnet:

> *Du sollst den Herrn, deinen Gott, lieben aus ganzem Herzen und aus ganzer Seele und mit all deinen Gedanken und all deiner Kraft. Als zweites kommt hinzu: Du sollst den Nächsten lieben wie dich selbst. Kein Gebot ist größer als diese beiden.*
>
> *(Markus 12,30-31)*

Es schien mir damals unmöglich. Ich konnte meinen Mann lieben, mein Kind, meine Eltern und sicher einige andere, die mir nahestanden. Aber wo fand ich Gott?

Ich fand ihn in diesem Prozess von Not, Krankheit und Stille, in mir selbst, in meinen Mitmenschen, ganz gezielt auch in denen, die er mir schickte und zu seinem Werkzeug machte.

> *(1 Korinther 6,19: Oder wisst ihr nicht, dass euer Leib ein Tempel des Heiligen Geistes ist, der in euch wohnt ...)*

Ich fand ihn in seinem Wort, das er uns hinterließ, in seinen Verheißungen, die, da er ein lebendiger und kein toter Gott ist, heute so aktuell sind wie vor fast zweitausend Jahren. Ich fand ihn in der Eucharistie, die mir immer wieder Kraft und Stärke gab. Hier fällt mir auch der Satz aus einem Buch von Karl Guido Rey ein: Glaube ist nicht eine theologische Formel, sondern eine erfahrbare Realität.

(Aus: „Neuer Mensch auf schwachen Füßen", heute nur noch antiquarisch erhältlich)

Die geplante Behandlung

In einem Gespräch mit dem behandelnden Arzt erfuhr ich, dass man für mich ein Jahr Chemotherapie und fünfzehn Bestrahlungen (es wurden dann zwanzig) geplant hatte. Da der Inhalt des geplatzten Tumors jeweils vom Körper aufgesogen wurde und so in die Lymphbahn gelangt war, hatte man so entschieden. Er verschwieg mir, und ich erfuhr es später aus dem Krankenbericht bei dem nachbehandelnden Arzt, dass nach einer halbjährigen Pause wieder ein stationärer Aufenthalt geplant war.

Ich war überzeugt, dass ich ihn nicht brauchte. Die Therapie umfasste, wie es damals üblich war, jeweils vierzehntägige Einnahme starker Tabletten und Ampullen und vierzehn Tage „Erholung". Ich fragte den Arzt, ob und wie ich die Arbeit dann wieder aufnehmen könne, weil ich ja auch den Mitarbeiterinnen nichts sagen konnte. Er wollte mir nicht ganz den Mut nehmen und meinte, da es ja im eigenen Betrieb wäre, sollte ich es doch vielleicht eine Stunde täglich versuchen. Da große Schwäche und Übelkeit mit der Therapie einhergingen, wäre mehr unmöglich, außerdem würde ich mit großer Sicherheit meine Haare verlieren und er verwies mich auf gute Perücken.

Mein Herz wurde schon etwas schwerer und doch ging das Ganze irgendwie an mir vorbei.

Die Stationsschwester besuchte mich am Abend, nachdem sie Feierabend hatte, und verbrachte gutgemeint vier Stunden, bis Mitternacht, an meinem Bett, um mir klarzumachen, dass meine Vorstellungen unmöglich wären. Sicher konnte sie die Gegenwart Gottes nachvollziehen, aber ihre Erfahrung mit solchen Kranken hatte sie einfach anderes gelehrt. Sie nahm wohl an, dass ich die Krankheit nicht annehmen, sondern verdrängen wollte.

Gott ist die Wirklichkeit

Man begann mit der Therapie. Bei Einnahme der Medikamente und auch später, bei den Bestrahlungen oder zwischenzeitlichen Schmerzzuständen, pflegte ich solche oder ähnliche Meditation anzuwenden:

„Gottes Geist ist in mir. Er ist stärker als jedes Gift (oder Strahlen oder Schmerz). Darum werden nur meine kranken Zellen zerstört. Es kann aber meinen gesunden Zellen nichts anhaben. So wird durch die Wirklichkeit Gottes der Anschein der Krankheit vergehen."

Das ist keine magische Formel, sondern ich hatte es zutiefst verinnerlicht. Ich schaute so auf Gott und nicht auf die Krankheit. Die erwartete Übelkeit blieb fast ganz aus. Die Schwäche hielt sich in Grenzen. (Ich hatte zweiunddreißig Pfund abgenommen). Der Professor lachte und sagte: „Leute wie Sie können wir hier nicht gebrauchen, Sie können am Samstag nach Hause gehen."

Glaube oder Therapie?

An diesem besagten Samstagmorgen entstand in mir eine große Verwirrung. Ich hatte morgens in „meinem" Buch etwas falsch verstanden, was sich jedoch erst am Nachmittag herausstellte, nämlich, dass man nicht gleichzeitig auf Gott und auf die Medikamente vertrauen könnte. Ich war total verwirrt. So bat ich den Arzt noch einmal um ein Gespräch, weil ich der Überzeugung war, dass ich die Therapie nicht brauchte und genug Gottvertrauen besaß. Meinen Mann bat ich, mich erst am Nachmittag abzuholen. Kurz vor dem Gespräch mit dem

Arzt wurde mir durch nochmaliges Lesen klar, dass der Sinn der am Morgen gelesenen Buchstelle doch ein ganz anderer, nämlich folgender war:

Ich kann nicht sagen: Herr, ich habe ja Vertrauen, aber zur Vorsicht nehme ich doch lieber die Medikamente.

Das wäre sicher ein wackliges Vertrauen. Es ging da also nicht um ein Entweder – Oder, sondern um ein Miteinander. Mein Beispiel kann nicht für jeden in dieser Situation gleichermaßen gelten. Ich weiß von Spontanheilungen, die aber ganz sicher nicht die Norm sind. Gott benutzt sie oft als ganz konkrete Zeichen, um Menschen zum Glauben zu führen. Als Jesus die Menschen lehrte, wurde seine Verkündigung, wie wir in der Heiligen Schrift nachlesen können, von vielen Zeichen und Wundern begleitet. Keineswegs wollte er als Wundermann gelten, sondern es geschah vielmehr, damit Menschen glauben und zur Umkehr zu Gott finden konnten. Und es geschah aus seiner übergroßen Liebe zu den Menschen heraus und aus dem Mitleid, das er mit ihnen hatte.

Aus genau den gleichen Gründen erleben wir auch in unserer Zeit nachweisbar spontane Heilungen. Ich spreche hier nicht von irgendwelchen esoterischen Praktiken. Da wird nicht Gottes Geist auf den Kranken herabgerufen oder angesprochen, sondern die ganze Energie des Kosmos, und da ist nicht nur der Hl. Geist. Hier gilt es die Geister zu unterscheiden, wie Paulus uns im 1. Brief an die Korinther 12,10 lehrt.

Es sind mir auch andere Extreme bekannt, wo Menschen an übertrieben starken Behandlungen starben, Situationen, die jedoch für den Laien nicht überprüfbar sind. Darum gilt es **immer**, für die richtigen Ärzte zu beten und für deren richtige Entscheidungen.

Ich möchte folgende Bibelstelle anführen: Bei Jesus Sirach Kapitel 38 heißt es:

Halte den Arzt wert, weil du ihn nötig hast, denn auch ihn hat Gott erschaffen. Von Gott hat der Arzt seine Weisheit. ... Gott bringt aus der Erde Arznei hervor, und ein verständiger Mann verachtet sie nicht. Mit ihr stillen die Ärzte den Schmerz und stellen die Apotheker die Salben her. ... Mein Sohn, werde nicht gleichgültig in der Krankheit, bete zu Gott, denn er kann dich heilen. ... Aber auch dem Arzt lass seinen Platz. Er soll nicht von dir weichen, denn auch ihn hast du nötig. Gibt es doch Zeiten, wo Gelingen ist in seiner Hand, und auch der Arzt lässt sein Gebet zu Gott aufsteigen, dass er ihm die Deutung der Krankheit gelingen lasse und die Arznei zur Erhaltung des Lebens diene.

Mein Gespräch mit dem Arzt hatte sich dadurch eigentlich erübrigt. Trotzdem war es noch gut. Zwei Sätze sind in meinem Ohr hängengeblieben. Er sagte: „Ich hatte noch nie eine Patientin, bei der der postoperative Verlauf so gut war (und er hatte ganz sicher viele Patienten)." Er sagte weiter: „Ich habe mich jeden Tag gefragt, wo Sie Ihre Kraft hernehmen." Die Sätze waren mir Freude und Bestätigung.

Froh, aber ziemlich verstört und verfroren, brachte mein Mann mich dann nach Hause. Er war durch die Stadtparks geirrt und hatte den Himmel bestürmt, voll Zweifel, ob das wohl richtig sein könnte, was ich ihm morgens am Telefon erzählt hatte. Wir waren beide froh, dass wir nun in uns Klarheit hatten. Ich wollte die Therapie weitermachen.

Wieder zu Hause

Zu Hause (welch ein schönes Wort) hatte unsere Zehnjährige einen schönen Kaffeetisch gedeckt. Wir genossen es, zusammen zu sein. Aber nach kurzer Zeit machte sich Erschöpfung nach diesem Tage breit. Ich konnte nicht mehr sitzen und legte mich hin. Mein Mann schlief einfach im Sessel ein.

Dann geschah etwas, was mir neu war. Die Glocken läuteten zur Abendmesse. Es war, als sagte mir jemand: „Steh auf und geh' in die Kirche." Und es war ein solches Drängen in mir, dass ich aufstand und mir den Mantel anzog. Meine Tochter wollte mich nicht gehen lassen. Sie sagte: „Der Papa wird mir Vorwürfe machen, dass ich dich hab gehen lassen, wenn er wach wird. Du kommst doch gar nicht bis dahin." Ich sagte ihr: „Wenn ich soll, bekomme ich auch die Kraft, es zu tun. Sag' dem Papa, falls er wach wird, ich sei in der Kirche." Er wurde später wach und verstand: Mama ist in der Küche – und schlief weiter.

Es war einfach schön, wieder zu Hause in der Kirche zu sein. **Mein Herz war weit offen.** Als der Lektor die Lesung beendete, er hatte auch die vorausgehende Auslegung aus dem Schott gelesen, was sonst nie geschah, wusste ich, warum ich an diesem Abend zur Hl. Messe gehen sollte. Die Erklärung und die Lesung aus dem Buche Jesus Sirach 15, 15-20 lauteten wie folgt:

Vorwort: Gegen zwei Irrtümer richtet sich der Weisheits-lehrer Ben Sirach: gegen die Behauptung, die Sünde sei nicht vermeidbar, ja, Gott selbst sei dafür verantwortlich, und gegen die Behauptung, Gott kümmere sich über-haupt nicht um den Menschen und wisse nichts von seiner Sünde. Das sagen die „Toren", die Gottlosen. Die Lesung sagt zunächst, **dass der Mensch frei ist, zwischen Gut und Böse, Leben und Tod zu wählen**. Gott aber überlässt den Menschen nicht sich selbst. Er will, dass der Mensch sich für den Weg des Lebens entscheidet. Der Mensch kann wählen zwischen **Gut und Böse**. Gott kümmert sich um die Menschen.

Die Lesung selbst hat folgenden Text:

Gott gab den Menschen seine Gebote und Vorschriften. Wenn du willst, kannst du das Gebot halten; Gottes Willen zu tun ist Treue. Feuer und Wasser sind vor dich hingestellt; streck deine Hände aus nach dem, was dir gefällt. Der Mensch hat Leben und Tod vor sich; was er begehrt, wird ihm zuteil. Überreich ist die Weisheit des Herrn; stark und mächtig ist er und sieht alles. Die Augen Gottes schauen auf das Tun der Menschen, er kennt alle seine Taten. Keinem gebietet er zu sündigen, und die Betrüger unterstützt er nicht.

Die Parallelstelle bei Deuteronomium 30,19 war, als ich sie später nachlas, noch deutlicher:

Leben und Tod lege ich dir vor, Segen und Fluch. Wähle das Leben, damit du lebst, du und deine Nachkommen. Liebe den Herrn, deinen Gott, hör auf seine Stimme, und halte dich an ihm fest; denn er ist dein Leben. Er ist die Länge deines Lebens.

Was ich da gehört und gelesen hatte, war für mich Aussage und Wegweiser. Ich wusste seit dieser Stunde noch fester, dass ich leben würde und das Wort: **Gott kümmert sich um den Menschen**, war mir ein unendlicher Trost. Und Gott führt nicht in die Irre.

Diese Zeit nach meinem Krankenhausaufenthalt war dann eigentlich die schönste meines Lebens. Ich lebte bewusster, harmonischer und glücklicher, als ich je gelebt hatte. Ich praktizierte das Zeugnis des uns begleitenden Priesters, der gesagt hatte: „Ein Tag, den ich ohne Gebet und Stille beginne, gelingt nicht halb so gut, wie mit Gott. Und ganz gleich, was kommt, die Zeit sollte man sich nehmen." Das leuchtete mir voll ein. Denn auch bei einem Radioempfänger, den ich nicht genau auf die richtige Frequenz eingeschaltet habe, kann ich nichts

verstehen und er bringt nur Störungen und Begleit-
geräusche hervor.

So lernte ich beten, erfuhr oft eine sehr erfüllte Stille,
entdeckte die Bibel mit ihren wunderbaren Aussagen,
übte mich in einem total positiven Denken und lernte meinen Geist als „Schaltzentrale" für meinen Körper zu
nutzen. Ich erfuhr so auch durch eine große Dankbarkeit
eine nie gekannte Gottesnähe und -liebe, in die auch
mein Mann voll eingeschlossen war. Darüber hinaus
erfüllte mich eine große Liebe zu meiner ganzen Familie
und den Menschen, denen ich begegnete.

Bitte und empfange

Gott hat für jeden etwas anderes, aber immer das
Richtige bereit. Mein Mann hatte während meines
Krankenhausaufenthaltes das Geschenk eines Priesters
entdeckt, das Buch: „So lernte ich beten", von Andre
Seve (nur noch antiquarisch erhältlich). Er las und
praktizierte es. Er las darin, dass wir fordernd beten
dürfen und tat es. Sehr viel später hat er diese Stelle in
dem Buch noch mal gesucht – und nicht mehr gefunden.
Aber mir fiel dann auch die Bibelstelle vom verlorenen
Sohn bzw. barmherzigen Vater ein. Bevor der Sohn
wegging, forderte er vom Vater sein Erbteil.

Jesus sagt über die Kraft des Gebetes (Lukas 11,9-13):

*Darum sage ich euch: Bittet, dann wird euch gegeben;
sucht, dann werdet ihr finden; klopft an, dann wird
euch geöffnet. Denn wer bittet, der empfängt; wer
sucht, der findet; und wer anklopft, dem wird geöffnet.
Oder ist unter euch ein Vater, der seinem Sohn eine
Schlange gibt, wenn er um einen Fisch, oder einen
Skorpion, wenn er um ein Ei bittet? Wenn nun ihr, die*

ihr böse seid, euren Kindern gebt, was gut ist, wie viel mehr wird der Vater im Himmel den Heiligen Geist denen geben, die ihn bitten.

Mein Mann und ich mit ihm nahmen die Verheißungen Jesu an, die er allen gab, die an ihn glauben:

Alles, was zwei von euch auf Erden gemeinsam erbitten, werden sie von meinem himmlischen Vater erhalten. Denn wo zwei oder drei in meinem Namen versammelt sind, da bin ich mitten unter ihnen. (Matthäus 18,19-20)

Amen, amen, ich sage euch: Was ihr vom Vater erbitten werdet, das wird er euch in meinem Namen geben. (Johannes 16,23)

Wenn ihr in mir bleibt und wenn meine Worte in euch bleiben, dann bittet um alles, was ihr wollt: Ihr werdet es erhalten. (Johannes 15,7)

Alles, was ihr in meinem Namen bittet, werde ich tun, damit der Vater im Sohn verherrlicht wird. Wenn ihr mich um etwas in meinem Namen bittet, werde ich es tun. (Johannes 14,13-14)

Sorget euch um nichts, sondern bringt in jeder Lage betend und flehend eure Bitten mit Dank vor Gott. (Philipper 4,6)

Erneuerung des Taufgelöbnisses

Es ist eine unerhörte Tatsache, dass wir, wenn wir in der Taufe Kinder Gottes werden und **diese als Erwachsene erneuern**, bejahen und in unserem Leben umsetzen, auch Erben dieses großen Vaters werden. Dies geschieht keineswegs zwangsläufig. Jesus sagt dem Pharisäer Nikodemus, der ihn bei Nacht aufsucht und der ihn als den von Gott Gesandten erkennt:

> *Amen, amen ich sage dir: Wenn jemand nicht aus Wasser und Geist neu geboren wird, kann er nicht in das Reich Gottes kommen. (Johannes 3,3 und 5)*

Ich muss zu dem, was meine Paten einmal für mich, als Kind, versprochen haben, als Erwachsener bewusst „Ja" sagen, es erneuern und **leben**. Oder, wenn ich als Erwachsener getauft bin, dazu stehen. So sollte ich mir die Absagen an das Böse und das Bekenntnis des Glaubens immer wieder bewusst machen und mich fragen, ob ich es lebe. Text des Taufgelöbnisses:

Widersagen Sie dem Bösen, um in der Freiheit der Kinder Gottes leben zu können? – Ich widersage. Widersagen Sie den Verlockungen des Bösen, damit es nicht Macht über Sie gewinnt? – Ich widersage. Widersagen Sie dem Satan, dem Urheber des Bösen? – Ich widersage. Glauben Sie an Gott den Vater, den Allmächtigen, den Schöpfer des Himmels und der Erde? – Ich glaube. Glauben Sie an Jesus Christus, seinen eingeborenen Sohn, unseren Herrn, der geboren ist von der Jungfrau Maria, der gelitten hat und begraben wurde, von den Toten auferstand und zur Rechten des Vaters sitzt? – Ich glaube. Glauben Sie an den Heiligen Geist, die heilige katholische Kirche, die Gemeinschaft der Heiligen, die Vergebung der Sünden, die Auferstehung der Toten und das ewige Leben? – Ich glaube.

„Erst, wenn wir uns dem Licht stellen, wird uns der Schritt ins Licht geschenkt." (Julius Döpfner) Gott, der uns in der Schöpfung im Gegensatz zu allen anderen Lebewesen mit einem freien Willen ausstattete, respektiert ihn uneingeschränkt. Dieser allmächtige, große Gott erwartet darum unser „Ja", um wirken zu können!

Warum haben wir also oft Angst, dieses „Ja" zu sagen? Weil wir Angst haben, dass Gott uns etwas nimmt! Aber er gibt uns in unermesslicher Liebe alles, was wir brauchen, und ER, der Allwissende, ist der Einzige, der weiß, was wir brauchen und wovon wir uns lösen müssen.

In dem Wort Gebet liegt bei der Betonung der ersten Silbe das Wort ge-bet. Jesus fordert uns immer wieder auf zu geben: Unsere Sünden, unsere Krankheiten, unsere Ängste, unseren Schmerz, unsere Sorgen. Aber nicht nur unseren Abfall sollen wir geben, sondern uns selbst, unsere Liebe, unseren Besitz. Jesus sagt:

Gebt, dann wird auch euch gegeben werden, in reichem, vollem, gehäuften Maß wird man euch beschenken; denn mit dem Maß, mit dem ihr messt und zuteilt, wird auch euch zugeteilt werden. (Lukas 6,38).

Vergebung ist eine Form des Lebens! In dem Wort Vergebung liegt ja auch wieder das Wort geben. In dem Umfang, in dem wir uns selbst und dem Nächsten vergeben, gibt auch Gott uns Vergebung. Es liegt in der Natur Gottes, zurückzugeben. Wir dürfen es mit dem Recht des Kindes, zu dem er uns gemacht hat, von ihm als Vater fordern. Das Wort Jesu: Wenn ihr nicht werdet wie die Kinder, werdet ihr nicht in den Himmel eingehen, bedeutet nicht, dass wir kindisch werden sollen, sondern vertrauensvoll wie ein Kind die Hand in die des Vaters legen und so seine Führung erfahren.

In einem Seminar berichtete ein Mann, wie er seine Angst überwunden hat. Er sagte: „Jedes Mal, wenn mich die Angst überfiel, machte ich mir bewusst, dass der große Gott mein Vater ist, und wie ein Kind sich auf die Schultern des Vaters setzt, so tat ich es auch. Und immer war ich dann größer als die Angst, und sie konnte mich nicht mehr erreichen."

Jesus lässt im Gleichnis vom verlorenen Sohn (Lukas 15,11-32) den jüngeren Sohn sein Erbteil fordern, das ihm zusteht, und es heißt: „Da teilte der Vater sein Vermögen auf." Wenn man gibt, empfängt man. Es vollzieht sich fast wie ein Gesetz. Mir fällt dazu ein Märchen ein, das ich vor einiger Zeit geschrieben habe. Es lohnt sich, darüber nachzudenken:

Die graue Stadt

Da war diese kleine geschäftige Stadt, die nahe an einem großen See gebaut war. Eine Stadt mit vielen runden Bögen und Häusern mit Fenstern, die wie Augen auf schmale Gassen schauten. Es waren Augen, die ein wenig listig, gar manche sogar verschlagen wirkten und das Treiben draußen argwöhnisch beobachteten. Diese Fensteraugen waren fast blind, denn sie wurden nie geputzt, damit auch ja niemand hineinschauen konnte.

In diese Stadt nun zog ein kleines Mädchen mit seiner Mutter. Es hatte keinen Vater mehr. Er war lange krank gewesen, und das kleine Mädchen hatte oft an seinem Bett gesessen. Bevor er starb, hatte er ihr einmal gesagt: „Weißt du, mein Kleines, man kann sein Leben verlieren, aber verlier' niemals dein Herz." Sie hatte nicht verstanden, was er damit meinte.

Herr, Du schenkst in Fülle,
Laß mich davon weitergeben können,
damit die Welt ein Stück neuwerden kann.

Nun ging das Mädchen durch die Straßen, die ihm noch fremd waren. Die Menschen hasteten schnell und alleine an ihm vorbei. Keiner schaute es an. Auf einer Anhöhe stand eine Kirche mit einem kurzen Turm, auf dessen Spitze ein Hahn thronte. Er schien der lustigste Geselle in der ganzen Stadt zu sein, so schien es dem kleinen Mädchen. Es glaubte, er hopse da oben hin und her. Sie wollte dort nachschauen und fand auch einen Weg zu ihm. Eine schmale Stiege führte den Turm hoch und wenn sie oben durch das runde Fenster schaute, war der Hahn ganz nah.

Eben blies der Wind vom See herüber. Das kleine Mädchen sah, wie der Gockel sich rasch drehte, grad so, dass er es anschaute. Voll Erstaunen stieß er ein langes „Kikirikikiiii" aus. Die Kleine fand, dass es sehr lustig war, denn es klang so furchtbar rostig. Der Hahn entschuldigte sich und meinte, dass er ja schließlich schon lange da oben wäre, und er wäre vom Seewind schon ganz heiser.

Anna fand das nicht schlimm und beschloss, mit diesem lustigen Vogel Freundschaft zu schließen. Sie fragte ihn, ob er nicht wisse, warum diese Stadt und die Menschen darin so grau aussähen und ihre Gesichter so leer wären. Aber sicher wisse er das, meinte der Hahn, denn er könne von da oben fast alles sehen. Die Menschen hätten ihr Herz verloren, sagte er, sie hätten es an irgend etwas gehängt, und nun hasteten sie nur noch rastlos hin und her. Sie hätten kein Herz mehr füreinander, und so wären sie langsam grau geworden wie manche Steine und auch alles um sie herum. Zwar merkten sie es manchmal wohl, aber sie wüssten nicht, wie sie es ändern könnten.

Anna fielen die Worte des Vaters ein: Gib acht, dass du nie dein Herz verlierst. Und auf einmal hatte sie verstanden, was er gemeint hatte, verabschiedete sich vom Hahn und versprach wiederzukommen. Gedankenverloren war sie herabgestiegen und nach Hause gegangen. Jetzt begriff sie, warum sie keine Freunde fand. Sie hatten ihr Herz an tote Dinge verloren, und ohne Herz konnte man kein Freund sein.

Anna beschloss, ganz gut auf ihr Herz achtzugeben. Der Vater hatte vom Verlieren gesprochen. Verlieren wollte sie es nicht, aber vielleicht konnte sie es an den kleinen Jungen verschenken, der neben ihnen wohnte, damit er wieder ein Freund werden konnte. Und so machte sie es dann auch. Als sie es weggegeben hatte, ihr kleines Herz, da merkte sie, dass ihr ein neues wuchs, das noch viel größer war und weiter und gütiger und für andere schlug. Der Junge, der nun das Herz des kleinen Mädchens hatte, machte es genauso und schenkte es einem andern. Und die Menschen spürten, dass es so viel schöner war, und machten es auch so. Wenn sie ein neues Herz geschenkt bekommen hatten, verschenkten sie es an einen anderen weiter. Und alles Graue fiel von ihnen ab. Sie merkten, wenn sie schenkten, erwuchs ihnen Größeres und Schöneres neu.

Die graue Stadt bekam Farbe und neues Leben. Die Fenster der Häuser begannen zu glänzen, und alles wurde hell und freundlich. Der Hahn konnte wieder funkeln, denn die Sonne hatte den grauen Nebel vertrieben, der wie ein Schleier über der Stadt gelegen hatte.

Wenn nun Fremde in die Stadt kamen, erzählten die Leute, wie ein kleines Mädchen mit einem schenkenden Herzen die Stadt verändert hatte. Und weil es dort so wohltuend war, wollten sie es genau so machen.

Geben

Nicht nur dieses kleine Mädchen konnte so positiv auf die Stadt einwirken, sondern wir alle können unsere Umgebung und die Welt verändern, wenn wir Christentum leben. Es ist nicht nur eine Beruhigung, sondern auch eine Forderung. Gott gab uns die Gebote nicht, um uns unter Druck zu setzen, sondern weil er wusste, dass wir sie brauchten, um glücklich leben zu können.

Während meiner Krankheit führte der Weg meines Mannes öfters an einer Kirche vorbei, an der man „zufällig gut parken konnte". Er hatte dort, wie er mir später sagte, inzwischen einen Stammplatz und verbrachte dort oft Stunden in der Anbetung und Fürbitte. Er gelobte eine jährliche Fußwallfahrt, die über zweihundert Kilometer ging, wenn ich ihm erhalten bliebe. Als er es mir sagte, war ich tief berührt, denn ich wusste, dass er sehr wenig freie Zeit hatte. Er ist diese Wallfahrt dann später vierundzwanzig Mal mit Freuden gegangen. Er tat es, um zu geben. Nicht wie man gibt, um mit Gott zu handeln, denn Gott ist kein Krämer, sondern wie man gibt, wenn man liebt.

Mein Mann und ich waren über die Erfahrungen, die jeder von uns mit Gott machte, immer wieder im Gespräch. Wir hatten die gleiche Ausrichtung und konnten gemeinsam weiter-gehen. Das ist das Schönste, was ich mir in einer Ehe vorstellen kann. Wir haben es so erfahren, dass, wo Gott das Band zwischen den Eheleuten ist, es gar keine Disharmonie geben kann, – denn Gott ist Frieden, dort kann es keinen Hass geben, – denn Gott ist Liebe, es kann auch keine Traurigkeit geben, – denn Gott ist die Freude. Für uns ist Glaube eine erfahrbare Realität geworden, und wir haben gelernt, Schwerpunkte zu setzen.

Die Zeit der Therapie

Ich erfuhr während meiner Therapie, dass ich nicht nur vielleicht eine Stunde, sondern acht Stunden im Geschäft arbeiten konnte und daneben auch noch einen großen Teil meiner Hausarbeit schaffte. Zwei Tage in einem halben Jahr erlebte ich, dass ich den Kopf nicht von links nach rechts drehen konnte, ohne dass ich das Gefühl hatte, Magen und Herz würden mir aus dem Körper fallen. Aber auch das hat wohl sicher sein müssen, damit ich überhaupt erfuhr, wie es normalerweise gewesen wäre.

Am Karfreitag desselben Jahres erlebte ich einen totalen Zusammenbruch meines gesamten Magen- und Darmtraktes. Durch falsche Koordination waren Chemotherapie und Bestrahlungen gleichzeitig erfolgt. Nicht ein Glas Wasser behielt der Körper. Ich verschwendete jedoch keinen Gedanken daran, dass es etwas anderes sein könnte, als Gott mir zugesagt hatte. Dienstag nach Ostern stand ich wieder, acht Pfund leichter, aber ich stand und tat meine Arbeit.

Meine Haare verlor ich nicht. Wobei ich hier gerne anderen in dieser Situation sagen möchte, dass man daran in **keinem** Fall Gottes Wirken oder Nichtwirken ablesen kann. Sein Plan mit den Menschen ist immer wieder anders.

Etwas anderes möchte ich aber noch in diesem Zusammenhang berichten. Eines Tages fand ich einiges an Haaren im Bett neben meinem Kopfkissen. Aha, habe ich gedacht, es geht los. Bei genauerem Hinsehen sah ich aber, dass es Haare meines Mannes waren. Wenige Tage später bat mich meine Mutter, die in der Woche nicht zum Friseur gekommen war, ob ich das übernehmen könnte. Als ich ihre Haare wusch, waren meine Hände voll davon und wir wunderten uns beide über ihren

Haarausfall. Sehr viel später kam mir in den Sinn, dass eben unsere Gedanken einen großen Anteil an äußerem Geschehen haben. Es waren die Menschen, die mir mit am nächsten standen, die sich um meinen eventuellen Haarausfall Sorgen machten. Den Sonntag darauf erhielt ich für mich die Antwort im Evangelium:

Bei euch aber sind sogar die Haare auf dem Kopf alle gezählt. Fürchtet euch also nicht. (Matthäus 10,30)

Pater Hans Buob hatte in seinem Buch „Biblische Predigten zu den Sonntagsevangelien" Lesejahr A, eine sehr schöne Auslegung:

Jesus bringt jetzt ein wunderbares Bild. Wie oft musste Gott schon daran denken, wenn uns wieder ein Haar ausgeht. Das ist doch ein wunderbares Bild. Über Haarausfall brauchen wir also nicht mehr traurig zu sein, sondern wir können uns dann immer daran erinnern: Gott hat wieder an mich gedacht. So wäre das Bild – durchaus zu Recht – wortwörtlich ausgelegt. Aber es hat natürlich eine Bedeutung darüber hinaus. Es will einfach die Sorge Gottes um uns ausdrücken, die Nähe Gottes zu uns, so dass er sich sogar um das Unwichtigste in meinem Leben kümmert. Denn was ist schon ein Haar. Man kann mit und ohne Haare leben. ... Wenn also selbst die Haare auf unserem Kopf gezählt sind, wie wichtig sind wir dann erst Gott? Das muss uns einmal bewusst werden. Gott vergisst uns keinen Augenblick.

Nach einem halben Jahr, als ich eigentlich wieder in die Klinik sollte, schlugen zwei Professoren aus unterschiedlichen Richtungen ohne Abstimmung vor, die Therapie abzusetzen. Anfangs hatte ich noch vierteljährliche, dann halbjährliche, später jährliche umfangreiche Untersuchungen. Von Anfang an bin ich ohne jede Angst mit

großer Gelassenheit hingegangen. Es gab zwischendurch Zeiten mit starken Symptomen und Untersuchungen, die wiederholt werden mussten.

Ein Beispiel: Es wurde ein Knochenzyntigramm gemacht
und der Arzt beteuerte mir, dass es ihm sehr leid tue,
aber in der Aufnahme sei mein rechter Fuß und Unter-
schenkel schwarz. In großer Ruhe (über die ich mich
selber immer wundern musste) erklärte ich ihm, dass wir
es dann sicher noch einmal machen müssten. Er schaute
mich etwas fassungslos an, aber ging darauf ein. Und –
es gab keine kranken Hinweise mehr. Ähnliches erlebte
ich bei der Mammographie. Dreimal schickte man mich
zurück in die Kabine. Eine Ärztin und zwei Professoren
begutachteten die Aufnahme und kamen zu dem Schluss,
dass man da etwas unternehmen müsse. Auch hier erbat
ich eine Wiederholung. Die Untersuchung vierzehn Tage
später ergab nichts mehr.

Ich wusste diese Dinge nicht einzuordnen und erwähnte
sie einmal gegenüber der Krankenschwester, die mir
damals im Krankenhaus so hilfreich war. Wir hatten
immer noch ein herzliches und freundschaftliches
Verhältnis zueinander. Sie sagte mir nur: „Lies in der
Bibel doch einmal das Buch Hiob." Ich tat es und ordnete
diese falschen Symptome bei den Anfechtungen ein und
Gott hilft mir, dass sie mich nicht in Verwirrung oder Angst
versetzen.

Heilung, Glaubensprüfung oder Anfechtung?

Eine dritte Erfahrung mit Krankheit und Heilsein machten
wir, nachdem ich ein Vierteljahr in der Therapie war, mit
unserer Tochter. Sie war zwei Jahre zuvor, achtjährig, an
einer starken Schwellung am Ellbogengelenk operiert
worden. Das Röntgenbild hatte eine Knochenzyste und

einen Tumor ergeben. Herausgenommen wurde ein verhärteter Bluterguss und die Sache schien erledigt. Eineinhalb Jahre später war erneut eine Schwellung da. Ich ging dieses Mal in ein anderes, auch großes und bekanntes Krankenhaus und bat um Untersuchung. Eine erneute Operation verzögerte sich durch meine Krankheit.

Als ich sie dann hinbrachte, wies ich den chirurgischen Oberarzt noch einmal auf die Diagnose der Knochenzyste hin, die man mir zwei Jahre zuvor mitgeteilt hatte und von der später nicht mehr die Rede war. Der Oberarzt wies am späten Nachmittag „zu unserer aller Beruhigung", wie er sagte, die Röntgenabteilung zu Aufnahmen an. So machte man nacheinander sechs Bilder von Armen und Händen des Kindes. Während drei Ärzte das Resultat lange begutachteten, wurde es mir seltsam ums Herz. Dann kam der Oberarzt mit dem Ausdruck größten Bedauerns auf mich zu und sagte: „Es tut mir unwahrscheinlich leid, aber das Kind hat eine schwere Knochenzersetzung, wie es nur bei alten oder bettlägerigen Menschen oder bei Schwerkranken der Fall ist."

Ich muss sagen, es ging wieder irgendwie an mir vorbei. In großer Ruhe betete ich im gleichen Augenblick: „Herr, wenn es so ist, so hast du die Zyste am Arm wachsen lassen, damit wir darauf aufmerksam würden, und dann kann es nicht zu spät sein." Auf die Frage des Arztes, was nun zuerst überprüft bzw. operiert werden sollte, erwiderte ich: „Beides in einer Narkose." Er meinte, dass dies nur im Kinderkrankenhaus möglich sei, und versprach mir, für eine sofortige Verlegung zu sorgen. Einem Impuls folgend bat ich ihn, das Kind an diesem Tage mit nach Hause nehmen zu können und am nächsten Tag selbst ins Kinderkrankenhaus zu bringen. Obwohl das nicht üblich war und die Verlegung normalerweise nur von Krankenhaus zu Krankenhaus erfolgt, sagte er es mir zu. Er veranlasste alles und gab mir die Unterlagen mit.

Die Kleine hatte von allem nichts mitbekommen und war froh, an dem Tag mit nach Hause zu können. Als ich es dort erzählte, begann meine Mutter wieder zu weinen. Mein Vater, der das Kind über alles liebte, sagte nur: Mein Gott, mein Gott. Und mein Mann wurde kreideweiß.

An diesem Abend bat ich meine Tochter, mir die Meditation nachzusprechen, die ich ja auch selbst noch ständig praktizierte: **Gott ist in mir. Er ist die Wirklichkeit und größer und stärker als jede Krankheit, darum wird der Anschein der Krankheit vergehen.** Sie verstand wahrscheinlich überhaupt nichts. Als sie eingeschlafen war, betete ich in einer solchen Inbrunst, wie ich es vorher und nachher wohl nie mehr vermocht habe. Ich bestürmte Gott und bat den ganzen Himmel um Fürsprache. Ich erinnerte mich an die Heilungen der Bibel und wie Jesus die Menschen oft berührte, als er sie heilte, oder ihnen zusagte: „Dein Glaube hat dir geholfen." Und so tat ich das Gleiche. Im Gebet hielt ich sie Jesus hin und tief aus meinem Herzen brachte ich meinen Glauben an sein Wirken.

Am andern Morgen fuhren wir ins Kinderkrankenhaus. Mein Mann ging wieder auf seinen „Stammplatz" zum Gebet, wie er mir später am Abend sagte. Ich übergab dem Ambulanzarzt meine Unterlagen. Er untersuchte und besprach sich dann lange mit zwei weiteren Ärzten. Es waren genau wie am Vortag drei Ärzte: Der chirurgische Oberarzt, der Röntgenologe und der Ambulanzarzt. Nach einer ganzen Zeit kam der Chirurg auf mich zu und sagte: „Ich weiß nicht genau, warum sie hier sind. Das Kind ist uns zwar mit schwerer Osteoporose überwiesen, in unseren Augen ist das Skelett des Kindes aber vollkommen in Ordnung." Es waren Aufnahmen des Vortages, die sie beurteilten. Die Schwellung am Arm bezeichneten sie als prallgefüllte Bursa, die durch die Reizung der ersten Operation entstanden sei. Wegen des Wiederholungsfalles rieten sie mir von einer Operation ab. Meine Frage, wie sie sich die unterschiedlichen Diagnosen erklärten, konnten sie nicht beantworten. Sie hatten nur ein Achselzucken und meinten: „Vielleicht sehen die Kollegen nicht so viele Kinderskelette." Nach der Blutentnahme, die noch gemacht wurde, nahm ich mein Kind – und ging nach Hause. Ich habe nie versucht, dies zu ergründen. War es Heilung oder Glaubensprüfung oder Anfechtung? Ich weiß es nicht. Aber die ganze Familie war unendlich dankbar.

Gott führt weiter

In der darauf folgenden Zeit erlebten wir, dass Gott uns ganz konkret zu Menschen hinführte, die oft selbst große Erfahrungen mit Gott gemacht hatten. Wir erlebten neue geistliche Bewegungen innerhalb der christlichen Kirchen, die erkannt hatten, dass Christentum nicht nur eine Beruhigung, sondern auch eine Forderung ist. Wir trafen Menschen, welche die Gaben, die Gott jedem schenkt, einsetzten.

Ich hörte auf einem Treffen, wie Kardinal Höffner Karl Rahner zitierte und sagte: „Diese Gruppen sind Oasen in der Kirche. Schlagen Sie Wege zwischen den Oasen, so dass aus der großen Wüste der Kirche eine fruchtbare Oase werden kann!" Wir haben dort erlebt, dass Kirche nicht tot ist und Christus durch den Heiligen Geist so lebendig ist wie vor fast zweitausend Jahren.

Wir wurden geführt durch Bücher, die uns im richtigen Moment in die Hände kamen, durch Menschen, die uns begegneten und uns durch ihre Erfahrung und Offenheit weiter brachten. Ja, wir erlebten den treuen und geduldigen Gott, der nie mehr von uns verlangt, als wir geben können, der uns aber auch weiterführt und dadurch unsere Herzen verändert und durch uns oft unsere ganze Umgebung. Er tut dies niemals durch eine „Gehirnwäsche", sondern zärtlich und behutsam. Dabei muss der „weiteste" Weg zurückgelegt werden, den es in dieser Welt gibt: Vom Verstand bis zum Herzen!

Unser „Dazutun" zum Heil

Oft habe ich Fragen gehört: „Ja, warum tut er es denn bei mir nicht?" oder „Warum wirkt er in dieser oder jener schlimmen Situation nicht?" „Warum verändert er nicht das Negative in der ganzen Welt?"

„Warum geht er nicht durch die Krankenhäuser und heilt alle?"

In der Bibel steht doch: „Er ist allmächtig. Also kann es doch gar nicht so weit her sein, mit seiner Allmacht!"

Wie sieht das denn nun wirklich aus? Als Gott den Menschen schuf, gab er ihm, im Gegensatz zu allen anderen Geschöpfen, einen freien Willen, der sogar so frei ist, dass wir uns gegen ihn entscheiden können. Und er achtet diese Freiheit so sehr, dass, wenn wir zu Gott „Nein" sagen, er in uns **nicht wirken kann**. Er gab uns seine Gebote und Worte, nicht, weil er uns damit unter Druck setzen wollte, wie es bei Menschen mit falschem Gottesbild oft angenommen wird, sondern, weil er wusste, dass wir nur so glücklich und gesund leben können.

Aber wie wollen wir glücklich und heil werden, wenn wir seine Gebote und Worte gar nicht lesen, nie gelernt haben und nicht kennen? Wie wollen wir heil werden, wenn wir falsche Vorstellungen haben und glauben, Gott verlange von uns Dinge, die wir gar nicht geben können? Oder wir glauben, er nimmt uns alles, was uns lieb ist. Ich erwähnte bereits, dass es **in der Natur Gottes liegt, zu geben und nicht zu nehmen**. Vielleicht ist es aber auch die Menschenfurcht: Unser ganzes Umfeld könnte ja denken, wir wären fromm geworden? Und dies in einer Zeit, wo das unmodern erscheint, in der man sich selbst verwirklichen, sein Bewusstsein erweitern und sich selbst erlösen muss. Oder wir arbeiten und schaffen, möglichst an sieben Tagen in der Woche, damit wir uns und vor allem unseren Kindern zwischendurch etwas „gönnen" können. Dadurch jedoch geraten wir in eine immer größere Abhängigkeit.

Wir können uns nicht selbst erlösen, wie uns neue Religionen, Praktiken und Heilslehren beibringen wollen, und all unsere Abhängigkeiten hindern uns daran, heil zu werden. Aber wie schön wäre es, und dann wäre unser ganzer Tag wirklich Gebet, wenn wir in seinem Namen unsere Arbeit tun, unseren Angehörigen und unserer Umgebung in Freundlichkeit begegnen, um Seinetwillen. Wenn wir gegen die menschliche Eigenart, am liebsten Negatives zu verbreiten, ankämpfen und versuchen, Positives und Aufbauendes weiterzugeben. Es ist gut, wenn wir zwischendurch Gott suchen und seine Führung erbitten. Das bedarf der Einübung. Wie wollen wir oder unsere Welt heil werden, wenn wir z.B. auf Kranken-schein morden können?! Wo menschliche Lebewesen, die eine Seele und Gefühle haben, einfach abgetrieben werden können. Und in dieser Richtung wäre noch so vieles anzufügen. Wie wollen wir heil werden, wenn unser Denken nur, wie in einer Kommode, in Schubladen eingeengt ist, und wir damit zufrieden sind?

Auch Glaube unterliegt dem Wachstum

Wenn wir uns umschauen in der Natur, der Zeit, der Geschichte, der Technik, bei den Menschen in unserer Umgebung oder in uns selber, so stellen wir fest, dass alles einem Wachstum unterliegt. Alles entwickelt sich. Der Mensch wird als Baby geboren und wächst heran. Sein Intellekt entfaltet sich mit zunehmendem Lernen. So kann sich auch Geistliches in uns nur entwickeln, wenn wir ihm Raum geben. Aber gerade hier sind wir oft wie ein voller Krug, in den nichts mehr hineinpasst. Er ist oft vollgefüllt mit Skepsis, Vorurteilen, Blockaden aus eigener oder ererbter Schuld, die uns von Gott trennen.

Wir sollten zu Gott gehen und diesen Krug vor ihm ausschütten. Er ist der Einzige, der all das wegnehmen kann, und er will das tun! Dann sollten wir diesen Krug nicht wieder verschließen, sondern Gott bitten, dass er ihn füllt. Und wir werden staunen, was sich dort dann alles sammelt. Ganz sicher braucht es Zeit und Wachstum. Aber es ist dies ein Weg, zu Gott zu finden, daraus heil zu werden, ein Stück Welt zu verändern, nämlich das Stück, auf dem ich stehe. **Gott wirkt in dem Maße, in dem wir es ihm zutrauen.** Hören wir also auf das, was er uns durch sein Wort zu sagen hat oder durch Menschen, durch die er zu uns spricht, und bitten wir ihn, es in der rechten Weise unterscheiden zu können.

Wir müssen schon hinhören, um Gott zu verstehen. Er ist nicht im Trubel verständlich. Wenn wir uns nur dem Lauten aussetzen, verpassen wir ihn.

Dann geht es uns wie zwei Freunden, die sich, aus verschiedenen Richtungen mit dem Zug kommend, bei einem kurzen Aufenthalt, auf dem Bahnhof treffen wollen. Gerne möchten sie sich wichtige Dinge mitteilen. Sie steigen aus, finden sich auch und freuen sich über das Wiedersehen. Als sie sich austauschen wollten, fährt gerade ein langer Güterzug durch. Er rattert so laut, dass nichts zu verstehen ist.

Sie gehen auf einen anderen Bahnsteig. Aufatmend beginnt einer der Freunde mit seiner Nachricht, als ein Intercity an ihnen vorbeidonnert. Sie können sich wieder nicht verständigen. Das geschieht ihnen noch ein drittes Mal. Da schauen sie auf die Uhr und müssen feststellen, dass es höchste Zeit ist. Ihre Züge fahren weiter. Sie können sich nichts sagen.

Viele Menschen hören Gott ein Leben lang nicht und wissen nicht, woran es liegt.

Das eigene Begrenzen

Wie sehr die Menschen nach Orientierung, Liebe und Heilung suchen, erfahren wir fast jeden Tag, persönlich oder in den Medien. Nur sind die Wege dorthin zum Teil abartig oder unter Vortäuschung des Guten doch so furchtbar irreführend. Wie oft begrenzen wir uns selbst durch falsches Bewusstsein, wie zum Beispiel die Frau in der folgenden Geschichte, die ich einmal las und deren Verfasser ich nicht kenne:

Das Knäckebrotbewusstsein

Da war einmal eine Frau, die hatte jahrelang Pfennig auf Pfennig gelegt, um sich eine Kreuzfahrt leisten zu können. Schließlich hatte sie genug zusammen, um die Fahrkarte zu kaufen. Aber es blieb ihr nicht mehr viel für Extras übrig. Das macht nichts, dachte sie. Ich werde eine Menge Knäckebrot und Käse mitnehmen und dies in meiner Kabine verzehren. Dadurch wird die

Reise nicht zu teuer. Gesagt, getan! Sie genoss ihre Kreuzfahrt. Gewiss, wenn die anderen Passagiere in den Speiseraum gingen, musste sie sich etwas Gewalt antun, sich in ihre Kabine zurückziehen, um Knäcke-brot und Käse zu essen. Sie tröstete sich damit, dass sie genug Geld bei sich hatte, um am letzten Abend am großen Dinner teilnehmen zu können. Das sollte ein Festessen werden.

An jenem letzten Abend zog sie ihr bestes Kleid an. Erwartungsvoll bestellte sie in dem großen Speisesaal die köstlichen Speisen. Das ist wirklich ein Opfer wert, dachte sie. Nach dem Essen bat sie den Steward, die Rechnung zu bringen. Der sah sie erstaunt an. Aber Madame, sagte er, wussten sie denn nicht, dass alle ihre Mahlzeiten in ihrem Fahrpreis inbegriffen sind?

Wir empfinden vielleicht Mitleid mit der Dame, die nur von Knäckebrot und Käse lebte, während die köstlichsten Speisen darauf warteten, von ihr bestellt zu werden. Aber wie oft machen wir es im Grunde genauso. Wir laufen irgendwelchen armseligen Ideologien nach, die uns nicht helfen können, statt sich von Gott in Fülle beschenken zu lassen.

Ich habe Gott für meine Krankheit und die anderen Erleb-nisse immer nur danken können. Hätten wir dies alles nicht erfahren können, so hätten wir am Leben vorbei gelebt. Mit Staunen erlebe ich oft, dass Gott uns Men-schen zuführt (oder Wege gehen lässt), an die wir unsere Erfahrungen weitergeben können, um uns so zu seinem Werkzeug zu machen. Martin Gutl erkannte das wohl auch und drückte es in folgenden Versen aus:

Wer gelitten hat, wird verstehen können.

Wer verwundet ist, wird heilen können.

Wer geführt ist, wird weisen können.

Wer getragen ist, wird tragen können.

Warum ausgerechnet ich?

Jedem Kranken, der fragt: „Warum ausgerechnet ich?"
dem möchte ich sagen: „Damit du die Chance hast, Gott
zu begegnen. Vertue sie nicht!"

Es hat fünfundzwanzig Jahre gedauert, bis ich den
Spruch verstand, den mir einmal eine Lehrerin aufgeschrieben hatte:

Meinst du, es läge auf der Straße Deines Lebens
auch nur ein Stein, ein Hindernis vergebens?
Er mag nun hässlich, groß sein oder klein,
glaub mir, da wo er liegt, da muss er sein!

Gewiss nicht, um dein Weitergehn zu hindern,
gewiss nicht, um dir Trost und Kraft zu mindern.
Nein! – Darum legte in den eb'nen Sand
des Weges ihn die eine güt'ge Hand,

damit du dir den Stein wollest recht beschau'n
und dann mit Gott in gläubigem Vertrau'n
darüber reden sollst und sollst IHN fragen,
was mit dem Stein ER dir wollte sagen.

Und bist Du Gott an jedem Stein begegnet,
so hat Dich jeder Stein genug gesegnet.

Steine auf dem Lebensweg
zur Begegnung mit IHM nutzen!

Vieles habe ich nun von den Erfahrungen der letzten Jahre geschrieben, die wir machen durften. Viele Schriftworte, die ich nicht nur mit dem Verstand gelesen habe, sondern die mir ins Herz gefallen sind, habe ich aufgeschrieben und möchte sie auch Ihnen im Namen Jesu zusprechen. Wenn sie mich fragen würden, wie kann ich Gott an diesem „großen oder kleinen Stein", an dem ich gerade stehe, begegnen, so würde ich Ihnen antworten: Zunächst einmal müssen wir sein Wort kennen, **damit es uns stärken kann** und wir daraus leben können. Es gibt uns die Kraft, die wir gerade brauchen. Dabei sollten wir immer nur den heutigen Tag bedenken und die anderen Sorgen und Ängste dem Herrn geben. Dadurch wird der Glaube an Gottes Führung freigesetzt. Er zeigt uns immer nur den nächsten Schritt – und den sollten wir dann auch gehen!

Würde er uns vieles auf einmal deutlich machen, gingen wir vielleicht eher einen Schritt zurück, weil wir überfordert wären. **Und Gott überfordert nie!** Das sind immer wir selbst, die wir uns unter Druck setzen. Er ist unendlich geduldig. Durch das Schauen auf Ihn verändert er wohl unser Herz. Es ist wie beim Gehen auf einem Weg. Stück für Stück kommen wir weiter. Geduldig nimmt er uns an die Hand, wenn wir es zulassen. **Er tut nie etwas gegen unseren Willen!**

Wir müssen lernen, in eine Vertrauensbeziehung mit Gott einzugehen. Sein Wort: *Euch aber muss es zuerst um SEIN Reich und um SEINE Gerechtigkeit gehen; dann wird euch alles andere dazu gegeben (Matthäus 6,33)* ist die feste Zusage, dass er in unserem Alltag wirken will. Nun ist es die große Frage, wie viel oder sinnbildlich gefragt, wie viele Räume geben wir IHM?

Stellen wir uns vor, in einer großen Villa oder Burg zu leben, mit großem Park und befestigter Mauer drum herum und mit Sprechanlage am Tor. Nehmen wir an, Jesus steht draußen und möchte herein. Verschanzen wir uns hinter der Mauer der „tausend Einwände"? Keine Zeit; schon genug Stress; hab' noch 'ne Sitzung; ausgerechnet jetzt muss ich zum Sport; gerade ein schöner Fernsehfilm; wollte doch mal Urlaub machen und mich mal so richtig ablenken; eigentlich bin ich gerade schon auf dem Sprung, lohnt sich nicht, dass du noch hereinkommst. Schade, immer wenn du kommst, bin ich schon halb aus dem Haus.

Oder – fertigen wir ihn an der Sprechanlage ab, damit er uns nur ja nicht zu nahe kommt? Oder – drücken wir ihm per automatischem Türöffner das Tor auf, damit er im Park etwas hin und her spazieren kann, damit wir auf Rufkontakt sind und Ihm hin und wieder bei Bedarf eine Bitte zurufen können? Oder – machen wir ihm sogar die Haustüre auf und bieten ihm unser Gästezimmer an, wo er kurze Zeit bleiben kann? Oder – lassen wir IHN einfach in der Diele stehen und sagen: Bis hierher und nicht weiter! Oder – stellen wir IHN in den Abstellraum, wo wir das Gerümpel, das wir ja eigentlich doch nicht brauchen, aufbewahren? **Nein, Gott will überall wohnen. Er will in allen Bereichen unseres Lebens Raum haben. Und wenn wir ihn einlassen, wird er in diesem unserem Haus das Licht sein.**

Die Frucht des Gebetes

Wir haben in unserer Familie immer wieder ganz konkret im Alltag erfahren, dass kein Problem zu groß, zu klein oder zu banal wäre, um es Gott zu bringen. Aus der Erfahrung seines Wirkens erwächst eine große Gelassenheit. Ich habe so erfahren, dass nicht das Begreifen aus dem Verstand heraus uns Gott näher bringt und dass wir nicht sein Wort begreifen, indem wir es diskutieren und es in ein Reagenzglas füllen, um es zu untersuchen. Immer dann, wenn wir glauben, aus eigener Kraft etwas vollbringen zu müssen, läuft es auf einen Aktivismus hinaus, an dem wir scheitern werden. **Darum sollten wir in allem, was wir tun, uns so einsetzen, als ob alles von unserem Tun abhinge, aber so vertrauen und beten, weil wir begreifen, dass alles von Gott abhängt.**

Wie oft habe ich Menschen sagen hören: Nein, mit solchen Bagatellen wollen wir Gott nicht kommen, der hat andere Dinge zu tun. Wie klein machen wir ihn mit solch einem Denken. Wir sehen in ihm einen gestressten Gott, der von einem zum anderen hetzt. Dieses Gottesbild bedarf der Erneuerung.

Ein mit uns befreundeter Missionar aus Papua New Guinea schrieb uns aus seinen Exerzitien einen Brief. Er bat uns, folgende Worte der Mutter Teresa zu bedenken, die er dort wieder neu erlebte. Er hatte die große Chance des Schweigens neu entdeckt.

Die Frucht des Schweigens ist das Gebet.
Die Frucht des Gebetes ist der Glaube.
Die Frucht des Glaubens ist die Liebe.
Die Frucht der Liebe ist das Dienen.
Die Frucht des Dienens ist der Frieden.
Und die Frucht des Friedens ist die Gelassenheit.

Ich überdachte die Worte und meine Zeit der Krankheit und die folgenden Jahre und stellte fest, dass es mein Weg – unser Weg war – in der gleichen Reihenfolge. Gott ist diesen Weg mitgegangen, hat uns abgeholt, wo wir standen. Und jeder steht irgendwo anders und **Gott holt jeden da ab, wo er steht.**

Blockaden

So vielfältig unsere Standorte sind, so vielfältig sind auch die Hindernisse, die uns von Gott trennen. Ich hörte vor kurzem zwei Sätze, die ich sehr passend und zutreffend fand: „Das Böse, das an die Türe klopft und nur für eine Nacht bleiben will, ist wie Schimmelpilz, den du nicht mehr weg bekommst. Es ist herrschsüchtig!" Die Bestätigung hierfür finden wir überall, wenn wir uns umsehen oder in uns hineinschauen. Wenn wir nun in eine tiefere Beziehung zu Gott kommen wollen, wie machen wir das? **Wir bitten ihn einfach darum!** In der Hl. Schrift lesen wir dazu:

> „Wenn du ihn suchst, lässt er sich von dir finden" (1. Chronik 28,9).

Aus vielen Berichten, Zeugnissen und Büchern habe ich immer wieder erfahren, dass diese Bitte am Anfang stand, denn, wenn ich **„ja"** gesagt habe, **„kann"** Gott wirken und er tut es! Er tut es oft, indem er uns unsere eigenen Verletzungen, Sünden, Fehler und Unterlassungen und die Verletzungen, die wir anderen zugefügt haben, zeigt. Er will, dass wir sie ihm bringen, damit er sie heilen kann. Er verweist uns auf seine Gebote, die er uns als Hilfe gab, damit wir gesund und froh leben können und nicht, um uns unter Druck zu setzen. Vor kurzem fand ich auf einen Kalenderspruch, der voll ins Schwarze traf: **Gewissensbildung ist Wissensbildung.**

Es ist ein Zeichen unserer Zeit und ein Produkt unserer eigenen Nabelschau, dass wir unsere Fehler und Unterlassungen gar nicht wahrhaben wollen. Das ist verständlich, wenn wir uns überlegen, dass ja in unserer Gesellschaft nur der Tüchtige, der Schöne, der fehlerfrei Funktionierende gefragt ist. Wir schaffen uns wie die Schildkröte einen Panzer an und verdrängen alles darunter. Nur taucht es auf andere Art und Weise wieder auf, als Krankheit, Depression oder auch ganz konkret als Blockade in der Beziehung zu Gott. Man trägt diesen selbst gewählten Panzer, leidet fürchterlich darunter, öffnet ihn vielleicht für den Psychiater und verfällt meistens in eine Resignation. Denn auch dieser Arzt kann nur das Belastende unter dem Panzer hervorholen, aber nicht wegnehmen. Selbst wenn es sich um kleine Fehler und Sünden handelt, können sie wie Ziegelsteine werden, die zur Mauer wachsen, die uns einschließt und ausschließt von Gott und dem anderen Menschen.

Der Weg der Vergebung

Haben wir nun „ja" zu Gottes Eingreifen in unserem Leben gesagt, wird er uns neu den Weg der Vergebung zeigen. Wir dürfen ihm unsere ganze Schuld bringen. Er kann sie wegnehmen – und er tut es! Jesus hat sich für **unsere** Sünden ans Kreuz schlagen lassen und er hat unsere Schuld gesühnt. Aber er will, dass sie bereut, ausgesprochen und ihm gebracht wird. Wie viele Menschen haben schon die erlösende Wirkung des Bußsakramentes erfahren, das in der kath. Kirche als wunderbare Hilfe möglich ist. Hier spricht der Priester, als Stellvertreter Christi, dem Beichtenden im Namen Jesu Vergebung zu. Er ist an das Beichtgeheimnis gebunden.

Man sollte, wenn möglich, einen Priester seines Vertrauens wählen, um ein gutes Beichtgespräch zu führen. Findet man ihn nicht auf Anhieb, so ist es gut, den Mut zu haben, einen anderen aufzusuchen, anstatt vielleicht wieder aufs Neue verletzt zu werden. Auch das soll es schon gegeben haben. In keinem Fall sollte man resignieren. Das Bußsakrament ist ein Sakrament der Heilung.

Es handelt sich hier nicht um eine überflüssige, veraltete Methode, sondern um eine großartige Möglichkeit, die unser Befinden in großem Maße mitbestimmt. Von vielen wird es nicht erkannt und nicht mehr so gesehen. Schuld gesteht man sich in der heutigen Zeit nicht mehr ein und es entsteht oft ein regelrechter Unschuldswahn.

Manchmal genügt aber auch schon das Gespräch mit einem geistlich erfahrenen Menschen, um Dinge wieder gerade zu rücken, zum Beispiel, wenn ich mir die Schuld, die ich Gott bereits in der Buße gebracht habe, selbst nicht vergeben kann. Hier habe ich die Gnade, die mir geschenkt wurde, nicht angenommen. Wer bin ich denn, dass ich mir nicht vergebe, wo doch Gott vergeben hat. Dies ist ein negativer Stolz!

Die Binde- und Lösegewalt ist nach Ansicht evangelischer oder evangelikaler Christen jedem Gläubigen gegeben. Meistens ist es hier eine geistliche Begleitung, mit der man ein Gespräch sucht. Jedenfalls ist ein reifer Christ sinnvoll.

Auch anderen zu vergeben ist Gnade. Es ist nichts, was wir aus eigener Kraft vermögen. Wie notwendig diese Vergebung und auch die Aussprache ist, um an Leib und Seele heil zu werden, ist an meiner Heilung und durch Erfahrung vieler Menschen deutlich geworden. Meistens ist es ein Prozess, der dauert, manchmal Tage, Monate, sogar Jahre und oft fast ein ganzes Leben. **Die Vergebung ist entweder absolut oder es ist keine Vergebung!** Sie ist nicht abhängig vom Tun der anderen Person. **Vergebung ist eine ganz eigene Form der**

Liebe. Wie oft blockiert doch Unversöhnlichkeit die Beziehungen in der Ehe, der Familie, in Gemeinschaften oder im Arbeitsverhältnis. Wir müssen uns fragen, ob wir es uns überhaupt leisten können, unversöhnlich zu sein. Die klare Antwort, auch im Bezug auf unser Wohlbefinden und Wohlergehen heißt: nein!

Gott hat die Schuld, **die wir ihm gebracht haben**, weggenommen, und er gedenkt ihrer nicht mehr. Nachzulesen in mehreren Bibelstellen. Ich greife Hebräer 10,16-18 heraus. Hier wird eine Prophezeiung Gottes aus dem Alten Testament zitiert, die bereits auf den Neuen Bund hinweist:

Das wird der Bund sein, den ich nach diesen Tagen mit ihnen schließe – spricht der Herr: Ich lege meine Gesetze in ihr Herz und schreibe sie in ihr Inneres; dann aber:

An ihre Sünden und Übertretungen denke ich nicht mehr. Wo aber die Sünden vergeben sind, da gibt es kein Sühnopfer mehr.

Innere Heilung

Aber in uns sind oft noch die Wunden, die wir uns als Folge unserer Schuld selbst zugefügt haben. Auch spielen die Verletzungen, die uns, von der Empfängnis an, zugefügt wurden, eine große Rolle. Ich fand in dem Buch „Heilendes Gebet" von Barbara L. Shlemon und Francis MacNutt eine sehr hilf- und aufschlussreiche Erklärung. Barbara L. Shlemon teilt das Buch in die Phasen des Menschenlebens ein: **Empfängnis, Schwangerschaft, Geburt, Kindheit, Jugend, Ehe oder Ordensleben usw.**

Sie geht auf jede Phase ein und auf die Verletzungen, die jeweils entstanden sein können; zum Beispiel durch Vergewaltigung, Eindrücke und Empfindungen der Mutter während der Schwangerschaft, Lieblosigkeit der Mutter – des Vaters; eine schwere Geburt (kann zu großen Ängsten führen!); das Leiden an den Eltern, Geschwistern, Klassenkameraden; die Phase der Entwicklung, der Geschlechtlichkeit außerhalb und innerhalb der Ehe; die Verletzungen durch Ehepartner, im Ordensleben durch Mitbrüder oder Mitschwestern. Barbara L. Shlemon holt unendlich vieles hoch und fügt nach jeder Phase (jedem Kapitel) ein sehr schönes Gebet an, in dem sie Gott die Wunden zur Heilung hin hält.

Diese Lebensphasen kennen wir auch aus der Psychologie. Hier haben wir zum Beispiel ein entwicklungspsychologisches Modell des Psychoanalytikers Erik H. Erikson, der das Leben, allerdings erst beginnend im ersten Lebensjahr, in acht Stadien einteilt. Sie sind uns Hilfe, sie im Gebet hinzuhalten und Gott zu bitten, jeweils das Fehlende zuzufügen und das Verletzte zu heilen.

Ein weiteres Buch, das zu großen und guten Erkenntnissen verhilft, haben die Gebrüder Linn geschrieben: „Beschädigtes Leben heilen". Sie erläutern die meist fünf Schritte, die sich im Tun des Menschen vollziehen, wenn es um das Vergeben zugefügter Verletzungen geht.

1. Schritt: Die erste Reaktion ist, dass wir diese Verletzung gar nicht wahrhaben wollen und sie verdrängen (oft viele Jahre).

2. Schritt: Wir merken, dass da etwas ist, was uns beschäftigt und getroffen hat. Wir sind wütend, wenn jemand etwas sagt. Ärger ist oft das erste Zeichen dafür, dass wir verletzt worden sind. Wir müssen das herausfinden.

3. Schritt: Bei dem dritten Schritt beginnen wir zu verhandeln und zu fordern. (evtl. Geld, das jemand schuldet oder eine Entschuldigung)

4. Schritt: Eine Depression über uns selbst, dass uns so etwas passieren konnte! Niemals wollen wir uns einem anderen mehr öffnen. Es entsteht ein Rückzug wie bei einer Schnecke ins Schneckenhaus. Wir bleiben oft Jahre darin und sehen nur noch uns selbst. So kann auch keine Liebe mehr hinein. (Auch Gott kann nicht herein.) Wir wollen zwar Liebe spüren, (auch Gottesliebe) aber wir spüren gar nichts.

Der fünfte Schritt ist eine Annahme der Verletzung und ein Sterben in uns selbst. Er öffnet uns die Tür zur Heilung, nach der wir uns ausgestreckt haben.

Das alles sind keine Modellfälle, sondern Erfahrungen, durch die viele Menschen heil wurden. Ein Satz, den ich einmal gelesen habe, birgt eine tiefe Wahrheit: Wer einen Menschen verurteilt, kann sich irren. Wer ihm verzeiht, irrt nie.

Ein weiteres sehr umfangreiches Buch über innere Heilung schrieb das Ehepaar John und Paula Sandford: „Umgestaltung des inneren Menschen". Sie hatten diese Prozesse tausende Male miterlebt und zählten mit zu den erfahrensten Seelsorgern.

Anmerkung aus heutiger Sicht: In den letzten Jahren sind mit Sicherheit noch andere gute Bücher über innere Heilung entstanden.

Klima für Heilung

Nun ist mir immer ein Gedanke nachgegangen: Ich wurde heil, in einer wirklich heilenden Atmosphäre. Was ist mit den Menschen, die diese Möglichkeit nicht haben? Ich war umgeben von Liebe, Ausgeglichenheit und Frieden. Es fiel wirklich kein böses Wort. Ich sah in den mir begegnenden Menschen auf das Gute (das auf irgendeine Art in jedem ist) und erfuhr es. Denn jedes böse Wort ist eine Wunde und fördert die Krankheit. In jedem und allem spürte ich die Besorgnis und das Bemühen meines Mannes und meiner Eltern, das ich jedoch in keiner Weise ausnutzte. Denn hier liegt auch oft der Grund des Nicht-heil-werdens. Krankheit wird bewusst oder auch unbewusst „gezüchtet" als Druckmittel auf die Umgebung. (Ich bin ja krank, darum musst du ...!)

Automatisch stellt man damit die Krankheit in den Mittelpunkt, konzentriert sich auf sie, und wie alles, was man „verhätschelt", ist sie letztlich sehr anhänglich. Man wird so zum Tyrannen seiner unter Druck gesetzten Umgebung und fordert damit oft etwas zuviel Geduld. Also kommt es zu Aggressionen, Ärger und entsprechenden Ausbrüchen. Dadurch schließt sich der negative Kreis des „Nicht-Heilwerden-Könnens" oder der Wiederholungsgefahr einer Krankheit.

Eine andere Situation wäre folgende: Man trägt Groll gegen jemand im Herzen und spricht mit keinem darüber, verschließt ihn gut und fest. Aber Ärger, Groll und Anklage sind gute Gärmittel. Irgendwo und -wann kommt es zum Ausbruch, oft als Krankheit. Diese wird behandelt oder operiert und ausgeräumt. Nicht aber das Grundübel. Das beginnt, neu zu gären, und sucht für seinen Ausbruch eine neue Möglichkeit und findet sie bestimmt. Und dann muss auch noch Gott herhalten für die Anklage: „Ja, lieber Gott, warum schickst du mir das?"

oder noch schlimmer: „Ein Gott, der mir das schickt und zulässt, kann nicht mein Gott sein", und es kommt zu einer Verbitterung und totalen Abwendung von Gott. Viele Ärzte und Krankenschwestern erleben das täglich.

Was aber geschieht mit denen, die von Herzen guten Willens sind und zur Versöhnung und Vergebung bereit, die aber an ihrer Umgebung scheitern? Die es immer wieder versuchen und doch wie ein Gummiball immer wieder an einer Wand abprallen? Ich spreche hier nicht von jenen, die grundsätzlich anderen die Schuld geben, sondern die wirklich in sich gegangen sind und überlegt haben, welche Schritte sie zur Veränderung ihrer Situation und Umgebung tun könnten. Sie können ihr Leid Gott aufopfern!

Nach meiner Krankheit war es für mich oft unverständlich, wenn ich jemand zu einem Kranken sagen hörte: „Du musst dein Kreuz auf dich nehmen." Ich hörte es oft und in gewisser Weise als Trost. Es ist eine verbreitete Redensart unter Christen. Ich spürte dann jedes Mal, wie mein Herz schneller schlug und meine Erregung wuchs. In der ganzen Bibel ist nicht einmal vom Kreuz der Krankheit die Rede. Jesus hat unsere Leiden auf sich genommen und unsere Krankheiten getragen (Matthäus 8,17). So wurde auch durch Jesaja (53,4) schon auf Jesus hingewiesen. Überall, wo er hinkam, heilte er die Kranken. Gott will den Menschen gesund und zwar ganzheitlich, d.h. an Geist, Seele und Leib. Wäre das anders, hätte Jesus konträr zum Willen des Vaters gehandelt, indem er heilte. Das aber wäre unmöglich. Wenn Jesus im Bezug auf uns vom Kreuz sprach, so war es immer das Kreuz, das durch die **Nachfolge** an ihn entstehen kann.

Oft ist die Situation des Kranken so, dass er z.B. an seiner schweren Krankheit behandelt, aus dem Krankenhaus, aus der Therapie oder aus der Kur kommt oder einfach mit vielen „Wehwehchen" im Alltag lebt und immer wieder neu in der Familie oder am Arbeitsplatz an dieser Umgebung leidet. Beispiele gibt es da genug: Der Partner hat sich abgewandt; der andere wird immer wieder gedemütigt; die Kinder sind ganz anders geraten, als erhofft; es kommt zu ständigen Auseinandersetzungen mit bösen Worten; die älteren Menschen werden lieblos alleine gelassen und abgeschoben; die Tochter sieht sich ständig den Querelen der Mutter ausgesetzt und kann oder darf nie erwachsen werden; über den Sohn wurde bzw. wird eifersüchtig gewacht, so dass er sich nie abnabeln konnte, den Typ der Mutter auch als Frau suchte und fand – und unter beider Fuchtel steht; der Arbeitskollege (Kollegin), der (die) immer geduckt wird, wird gehänselt und kann nie hochkommen; ein junges Mädchen sieht sich immer zurückgesetzt, weil es nicht so schön, so intelligent ist; usw. ... Als ich an Menschen dachte, die aufs Schlimmste ausgenutzt und bloßgestellt werden, der Lieblosigkeit und Gleichgültigkeit der Mitmenschen preisgegeben und entehrt, missbraucht, gequält, erniedrigt, beleidigt und zerschlagen werden, als ich darüber nachdachte, da konnte ich auf einmal den Satz sehr gut nachempfinden: „Ja, nimm dein Kreuz auf dich," auch im Bezug auf die Krankheit, die Gott nicht auferlegt hat, sondern die sich aus menschlichen Unzulänglichkeiten entwickelt hat. Sie erweist sich dann als Teufelskreis, weil der Mensch sich aus dieser Umgebung sehr oft nicht zu lösen vermag.

So geht der Kreuzweg weiter. Er kann aber die Situation annehmen und sie ertragen, indem er sie aufopfert zur Sühne für die unendlich vielen Schmähungen, die Gott widerfahren. Und Gott nimmt diese Sühne an und gibt dem Leiden dadurch einen Sinn, wie auch der Kreuzweg Jesu einen Sinn hatte.

Er war gekommen, damit wir das Leben haben – und wurde zum Tode verurteilt. All die eben aufgezählten Schmähungen waren IHM widerfahren und nichts von dem, was wir erleben, ist Jesus fremd geblieben, weil er den Weg vor uns ging.

Resümee

Bücher und Schriften, die „auf mich zu kamen", habe ich nicht nur im Eilverfahren überschlagen oder „quer gelesen", wie es vielfach gemacht wird, immer im Bewusstsein, viel konsumieren zu müssen, sondern ich habe mich von dem Wort ansprechen lassen. So habe ich es in meine Situation geholt und erforscht, was es mir zu sagen hätte. Anstatt zwanzig Bücher zu lesen, ist es oft wesentlich besser, zwanzig mal ein Buch zu lesen. So kann es passieren, dass mir beim zwanzigsten Male ein Satz aufgeht, über den ich neunzehn mal hinweg gelesen habe.

Ich wünsche Ihnen und mir, dass es Sätze in diesem Bericht gibt, in denen Sie sich wiederfinden und die Ihnen Wort und Wegweiser sein können.

Gott segne Sie.

Hier endet die überarbeitete Version des bereits vor Jahren erschienen Buches **„Ich konnte weiterleben … und ließ den Krebs hinter mir"**

Saat und Ernte – zweiter Teil:

... und was dann geschah

Herr, du bist mein Leben,

Herr, du bist mein Weg.

Du bist meine Wahrheit, die mich leben lässt.

Du rufst mich beim Namen, sprichst zu mir dein Wort.

Und ich gehe Deinen Weg, du Herr gibst mir den Sinn.

Mit dir hab ich keine Angst, gibst du mir die Hand.

Und so bitt ich, bleibe doch bei mir.

GI 456, M+T: Pierangelo Sequeri, Übersetzung: Christoph Biskupek

Wenn sie Jesus zunächst so nehmen, wie er Ihnen Eindruck macht, wenn Sie ihn also ganz „menschlich" verstehen und in ihm einen Menschenbruder sehen, der uneigennützig liebt, der ganz aus Liebe besteht und der seinen Auftrag, Menschen mit einem neuen Sinn ihres Lebens zu beschenken, so ernst nimmt, dass er dafür stirbt – wenn Sie ihn so verstehen, haben Sie ihn zwar noch nicht von Angesicht zu Angesicht gesehen, aber sie haben wenigstens den Zipfel seines Gewandes in die Hand genommen. Und wer ihn so festhält am äußersten

Ende, wer ihn so an der Peripherie erfasst hat, zu dem wendet er sich um und sagt zu ihm: „Du gehörst zu mir, und nun begleite mich! Und wenn du mit mir gehst, wirst du von Tag zu Tag mehr merken, wer ich bin"! (Helmut Thielicke).

Genau so haben es mein Mann und ich gemacht. Wir hatten wohl den Zipfel seines Gewandes erwischt und Jesus hat sich uns zugewandt und gesagt: „Kommt, begleitet mich", und wir haben von Tag zu Tag und von Jahr zu Jahr mehr gemerkt, wer er war! Dazu hat er Menschen neben uns gestellt, die uns begleitet haben oder die uns begegnet sind, von denen wir lernen konnten. Wir empfanden uns wie damals die Jünger Jesu, die er im Mitgehen belehrte.

Der Priester, der uns schon während der Krankheit begleitet hatte, war öfter Gast in unserem Hause. Alles, was wir so erlebt hatten, haben wir ihm erzählt, und er hatte es schweigend wahrgenommen. **Zwei Resultate** ergaben sich daraus. **Zunächst** sagte er mir: „Ihr Glaube ist nicht nur unser Credo-Glaube, sondern ein Charisma." Was war das nun schon wieder? Das Wort war mir bei der Krankenschwester in der Klinik schon einmal begegnet. Ich hatte keine Ahnung, was das Wort in dem Zusammenhang bedeutete. Der Priester erläuterte es auch nicht, sondern erklärte uns, dass er einmal in einer charismatischen Gruppe bei den Steyler Missionaren gewesen wäre. Wenn wir wollten, könnten wir gerne einmal mitfahren. In dem Wissen, dass er uns keinen schlechten Weg führen würde, sagten mein Mann und ich wie aus einem Munde „Ja". Bei diesem ja blieb es dann neun Jahre. Der Freitagabend war fester Bestandteil unserer Terminplanung. Im fliegenden Wechsel ging es vom Betrieb und Geschäft aus ins Auto. Der Weg von insgesamt einhundert Kilometern wurde von Mal zu Mal kürzer. Es war einfach eine Zeit, die uns gehörte und – Gott.

Wir lernten, dass es neben vielen Charismen (übersetzt Gnadengabe oder Gnadengeschenk) von Gott auch die gibt, die Paulus in 1 Korinther 12,4-11 folgendermaßen beschreibt:

Verschiedenheit und Einheit der Charismen

Es gibt verschiedene Gnadengaben, aber nur einen Geist. Es gibt verschiedene Dienste, aber nur den einen Herrn. Es gibt verschiedene Kräfte, die wirken, aber nur den einen Gott: Er bewirkt alles in allen. Jedem aber wird die Offenbarung des Geistes geschenkt, damit sie anderen nützt. Dem einen wird vom Geist die Gabe geschenkt, Weisheit mitzuteilen, dem andern durch den gleichen Geist die Gabe, Erkenntnis zu vermitteln, dem dritten im gleichen Geist Glaubenskraft, einem andern – immer im gleichen Geist – die Gabe, Krankheiten zu heilen, einem andern Wunderkräfte, einem andern prophetisches Reden, einem andern die Fähigkeit, Geister zu unterscheiden, wieder einem andern verschiedene Arten von Zungenrede, einem andern schließlich die Gabe, sie zu deuten. Das alles bewirkt ein und derselbe Geist; einem jeden teilt er seine besondere Gabe zu, wie er will.

Im Laufe der Jahre lernten wir Menschen kennen, die diese Gaben besaßen, oder sie wurden uns sogar selber geschenkt.

Aber noch einmal zurück zu dem Priester, der uns so schweigend bei unseren Berichten zugehört hatte. Manch anderer hätte es vielleicht als Spinnerei abgetan. Eines Tages aber sagte er mir, dass er mir unbedingt etwas erzählen müsse. Er sei in Exerzitien gewesen und Pater Gots, ein Kamillianer, hätte genau das Gleiche wie ich erzählt und Ähnliches erlebt. Er hatte mir einen

Kassettensatz von den Exerzitien mitgebracht. Es war ein „Leben im Geist Seminar" – ein Glaubensseminar. Als ich es mir anhörte, wurde mir deutlich, dass ich im Krankenhaus mit Gott und dem Buch, das mir so wegweisend geworden war, im Einzelzimmer ein „Leben im Geist Seminar" gehabt hatte. Es später für andere zu geben, wurde meinem Mann und mir zum Auftrag. Und es gab immer Menschen, die uns dabei halfen.

Berufung

Von andern hörten wir von einem Wunder-vollen europäischen Treffen der Charismatischen Erneuerung in der Katholischen Kirche in Straßburg 1982. Es machte uns wirklich neugierig. So beschlossen wir, als es ein Jahr später ein Nationaltreffen in Würzburg gab, uns die Tage im Geschäft „frei zu kämpfen". Außer einem Sommerurlaub kamen wir zu der Zeit schlecht raus. Also beschlossen wir, morgens früh zu fahren, damit wir uns ein nettes Hotel für die Tage, vielleicht in den Weinbergen, suchen konnten, um es vielleicht auch für einen Kurzurlaub zu nutzen.

Die Ernüchterung kam. Parallel zu dem Treffen, zu dem dreitausend Menschen erwartet wurden, gab es in Würzburg ein Mozart-Festival. Alle Unterkünfte waren belegt. Wir fuhren bis zwanzig Kilometer in die Umgebung und erinnerten uns an die Herbergssuche in Bethlehem. Jedenfalls kamen wir uns so vor. Aber wo wir auch hin kamen, verneinte man bedauernd. Es wurde Nachmittag und bald schon sollte das Treffen beginnen. Inzwischen hatten wir einmal mehr um eine Unterkunft gebetet und nahmen wieder Kurs auf Würzburg. So kamen wir in ein kleines Weindorf und an ein altes Weinlokal mit Hotel. Die Wirtin stand auf der Straße. Sie wartete auf einen ankommenden Bus und verwies uns, ebenfalls verneinend auf unsere Anfrage, auf ein Haus gegenüber. Aber auch da war es eine Fehlanzeige.

Nun kam gerade der Bus an und der Fahrer berichtete der Wirtin soeben, dass ein Ehepaar ausgefallen sei. So bot sie uns deren Zimmer an, allerdings entschuldigend, denn es sei ein Einzelzimmer, in das man noch eine Couch gestellt hätte. Ja, es war klein, zu einem Hinterhof raus und um fünf Uhr morgens begann der Metzger gegenüber bereits das Fleisch und die Knochen zu teilen. Aber wir waren glücklich und endlich angekommen. Es erwies sich, dass wir nur eine kurze Anfahrt zu dem Treffen hatten, sogar noch pünktlich ankamen und an den Folgetagen das Zimmer frühmorgens verließen, um am späten Abend zurückzukommen, damit wir nichts verpassten.

Alles, aber auch wirklich alles, was wir in diesen vier Tagen erlebten, schien uns konkret geführt: die Begegnungen mit den Menschen, der Austausch, die einzelnen Erfahrungen. Die Redner sprachen zu unseren Herzen und die Vorträge schienen nur für uns zu sein. Wir spürten, dass Gott eine Hand auf uns legte und wir erwiderten es mit einem „Ja". Nicht jede Einzelheit, die uns wichtig war, kann ich hier beschreiben. Aber wir erlebten sie als viele Gottesbegegnungen. Durch die Heilungserfahrungen, die wir in unserer Familie gemacht hatten, waren unsere Herzen offen und die Wirkmächtigkeit Gottes nicht in Frage gestellt. Ich glaube sagen zu können, dass es sich zu keiner Zeit um Schwärmereien oder nur um Gefühlsbetonungen handelte, denn wir waren auch ganz gut geerdet. Aber es hinterließ in uns immer wieder ein großes Staunen.

Als es nach den Tagen wieder nach Hause ging, riefen wir dort an und meldeten unsere Rückkehr in etwa vier Stunden. Alexandra, unsere zwölfjährige Tochter, die bei meinen Eltern war, wollte etwas für uns kochen. Aber ... bereits der ganze Autobahnzubringer war verstopft, die Autobahn zu und unsere Heimkehr rückte in weite Entfernung. Manfred konnte den Wagen gerade noch auf einen Seitenstreifen lenken und unsere Köpfe hingen über der Landkarte nach einem Ausweg suchend. Da hielt ein Mercedes neben uns. Der Fahrer fragte nach unserer Situation und bot an, uns herauszuführen. Wir folgten ihm gern durch Wald und Feld, landeten an einer anderen Autobahnauffahrt und waren nach 4 Stunden tatsächlich nach „Wunder"-baren und wegweisenden Tagen zu Hause.

Lehrhafte Begegnungen

Einige Zeit später erlebten wir einen Familienurlaub, bei dem wir mit dem Spiritual des Hauses, einem Benediktiner, ins Gespräch kamen. Wir erzählten ihm die Heilungsgeschichten, die wir in unserer Familie erlebt hatten. Und er berichtete uns von einem Mitbruder, Pater Lukas, der in London lebte und eine Gabe der Heilung besäße. Bei einem Heimaturlaub hatte er in seinem Beisein mit einem krebskranken Mädchen gebetet, das danach eine Spontanheilung erlebte.

Nun war es so, dass wir zu dieser Zeit zwei Krebskranke in der Augustiner Gebetsgruppe hatten, die mir immer wieder in diesem Zusammenhang in den Sinn kamen. Ein Priester hatte uns einmal gesagt, Gedanken, die sich immer wiederholen, können von Gott sein. Man sollte sie prüfen. Genau das taten wir. Alle Einzelheiten, auch wenn sie noch so spannend waren, wären jetzt hier sicher langatmig. Gott führte uns in Details weiter, wie an einem Handlauf. Wir lernten, wenn wir uns an ihm im Vertrauen auf seine Führung festmachten, dass wir dann auch ankamen.

So erfuhren wir auf abenteuerliche Weise, dass dieser Pater Lukas nicht mehr in London, sondern jetzt in seinem „Ruhestand" seit 8 Tagen als Spiritual in einer Schwesterngemeinschaft in Bad Brückenau lebte. Wir verbrachten einen ganzen Tag mit ihm und erfuhren Spannendes. Es begann eine Freundschaft, die 10 Jahre bis zu seinem Tode dauern sollte.

Damals hatte ich den inneren Impuls, ihn zu einer vor uns liegenden Israelreise einzuladen. Ich ging diesem Impuls nach, mit meinem Mann, Pater Cosmas, dem Begleiter der Reise, und letztlich mit Pater Lukas. Gerne war er bereit mitzufahren, hatte auch die Erlaubnis des Abtes, aber er musste eine Vertretung für diese ganze Zeit stellen und das schien ihm unmöglich. Die Benediktiner hatten gegenüber der Schwesterngemeinschaft die Verpflichtung, täglich die Hl. Messe für sie zu feiern. So sagte er ab. Bei einem Telefongespräch verdeutlichte ich ihm, wenn Gott mir diesen Impuls gegeben hätte, so würde er sicher auch für eine Vertretung sorgen. So vereinbarten wir, dafür zu beten. Es dauerte nicht lange, da erzählte er uns, dass ein Theologieprofessor bei den Schwestern angefragt hätte, ob er bei ihnen während seiner Kur dort wohnen und das Messopfer feiern könnte. Es war genau die Zeit, die Pater Lukas dann mit uns in Israel war.

Einige Erlebnisse mit ihm dort in Israel möchte ich hier beschreiben:

Wir waren zu einem Gottesdienst auf dem Berg Tabor angekommen, als eine junge Frau aus unserer Gruppe weinend und mit schmerzverzerrtem Gesicht zwischen zwei Personen regelrecht herein geschleppt wurde. Sie konnte nicht stehen, und der ganze Gehapparat knickte weg. Das war dann auch nach dem Gottesdienst noch so und ich bat Pater Lukas für sie zu beten. Er setzte sie auf einen Stuhl, holte uns dazu und wir beteten. Nach einiger

Zeit empfahl er ihr, aufzustehen. Sofort sackte sie aber wieder in sich zusammen. Er betete weiter und plötzlich sang eine andere Gruppe in der Kirche „Großer Gott wir loben dich" und alle fielen wir ein. Die junge Frau stand auf und ging ohne Beschwerden und bewältigte spielend Treppe und Hindernisse für den Rest der Reise und darüber hinaus. Später schrieb sie mir, dass sie Jahre vorher schon lange Zeit mit einer Wirbelsäulengeschichte im Krankenhaus verbracht hatte.

Und noch ein Tag in Israel

Pater Cosmas, der Franziskaner und Leiter, und Pater Lukas, der Benediktiner, hatten überlegt, der Gruppe an dem einen Tag zwei Möglichkeiten anzubieten. So gingen mein Mann und meine Tochter mit dem einen Teil der Gruppe mit Pater Cosmas zum Wadi Qelt. Der Abschluss sollte dann bei den Franziskanern, im (wahrscheinlichen) Abendmahlssaal auf dem Zion sein. Ich hatte mich dem anderen Teil der Gruppe mit Pater Lukas angeschlossen, der in Jerusalem blieb. So waren wir auch eine längere Zeit in der Dormitio, dem Ort der Benediktiner in Jerusalem. An eine Situation dort kann ich mich noch sehr gut erinnern: Wir hatten ein Ehepaar in der Pilgergruppe, das seit Jahren verheiratet war. Ihr Kinderwunsch hatte sich bis dahin nicht erfüllt. So versammelte Pater Lukas uns um sie, bezog uns ein und betete in diesem Anliegen. Nach einem Jahr besuchte ich dieses Ehepaar zu Hause. Sie hatten ein kleines Mädchen. Viele mögen sagen, wenn sie das jetzt lesen, wie oft habe ich schon in Situationen gebetet und es passierte nichts. Hier klingt es so, als ob nach einem Gebet sofort das fertige Ergebnis deutlich wird. Ja, manchmal ist es auch so. Aber In der Heiligen Schrift lesen wir auch an vielen Stellen, dass da oft auch ein **Wenn** voraus geht:

wenn ihr Glauben hättet so groß wie ein Senfkorn. dann ...; **wenn** ihr in mir bleibt und ihr in meinem Wort bleibt, dann ...; **wenn** ihr den Vater in meinem Namen bittet ...; usw.

Aber in allem wird in diesen Verheißungen und darüber hinaus Gottes Liebe und Barmherzigkeit deutlich. Unsere Bitten in Gottes Willen zu stellen, ist sicher die beste Möglichkeit für unser Leben.

Aber nun zurück zu unserer Jerusalemgruppe. Wir gingen dann später mit Pater Lukas wieder ins Hotel. Genau da entstand aber in mir der Eindruck, mich aufzumachen und zu dem anderen Teil der Gruppe zu den Franziskanern, zu meinem Mann und meiner Tochter zu gehen. Bei ihnen war der letzte Programmpunkt dort die Möglichkeit einer erneuten Lebensübergabe an Gott. So ging ich quer durch Jerusalem. Rückblickend könnte ich mir erklären, dass ich eine himmlische Begleitung und Führung hatte. So stand ich dann auf dem Zion, auf einem kleinen menschenleeren Platz, die Dormitio rechts von mir und das Franziskanerkloster vor mir, umgeben von einer sehr hohen Mauer. Darin gab es eine normal große, verschlossene Eisentür. Ziemlich ratlos stand ich vor der Mauer. Da kam ein Mann auf mich zu, für mich kenntlich als orthodoxer Jude. Er umarmte mich, sagte mir, er sei mein Freund und er könne mir helfen. Ich erklärte ihm, dass ich hinter die Mauer müsse. Er ging mit mir an die Eisentür und klingelte an einer runden unbeschrifteten Klingel, die hoch oben angebracht war und die ich übersehen hatte. Kurz darauf öffnete ein Franziskaner, dem ich erklärte, dass ich zu der Gruppe gehöre, die sich zur Zeit bei ihnen befände. Er ließ mich ein und führte mich durch den Garten ins Haus. Ich war also irrtümlich an der Rückseite des Klosters gelandet.

Was war mit dem orthodoxen Juden? Ich nehme an, dass ich mich bedankt habe. Aber hier fehlt mir die Erinnerung.

Erst sehr viel später wurde mir die Unwahrscheinlichkeit bewusst, dass hier in der Situation plötzlich ein orthodoxer Jude war, der mich umarmt und mir hilft?!? Nachdem ich öfter in meinem Leben die Hilfe von Engeln erlebt hatte, könnte ich das Geschehen auch da einordnen.

Aber meine Geschichte ist noch nicht zu Ende. Das Unfassbare kommt noch. Der Franziskaner führte mich in die Kirche, und ich betrat diese genau in dem Augenblick, als mein Mann vorne kniete und dabei war, unser Ehegelöbnis zu erneuern. Wie selbstverständlich kniete ich mich nach dieser Odyssee, genau im passenden Augenblick, daneben, und wir taten es gemeinsam.

Diese Art der Geschehnisse stärkten meinen Glauben und den meines Mannes. Sie halfen uns, unsere Gedanken und Eindrücke zu beachten, zu prüfen bzw. prüfen zu lassen und zu unterscheiden – **sie könnten von Gott sein**. So lautete die Lehreinheit eines Priesterfreundes. So lernten wir mehr und mehr, dass beten auch hören war.

Bei Pater Lukas sahen wir meterweise Ordner mit Zeugnissen, die Menschen an ihn geschrieben hatten, wie Gott sie auf Gebet hin geheilt hatte. Und Gott führte uns im Laufe der Jahre immer wieder zu Priestern mit dieser Gabe. Unser Auftrag war es, für sie Gottesdienste und Seminare zu organisieren: Pater Tardif, Pater Jo, Pater Ricardo, Dr. Tomislav Ivancic, Pater Luc, Pater Michael Marsch. Wir lernten viele mit einer Heilungs- und Befreiungsgabe kennen, auch Laien, und lasen viel über Gottes Wirken und lernten, dass seine Verheißungen in der Bibel Wahrheit sind und bis heute gelten.

Mir ist hier wichtig, diesen Weg sich wiederholender Gedanken zu beschreiben, ihnen in Aufmerksamkeit und Gehorsam nachzugehen, dabei zu erleben, wie Gott von

Station zu Station führt und dabei unseren Glauben und unser Vertrauen herausfordert, aber auch enorm stärkt. Hier entsteht bei jedem Erleben das Empfinden einer Begegnung mit Gott. Er stellte uns neben Menschen, durch die wir mehr und mehr in Seine Wahrheit geführt wurden.

An dieser Stelle möchte ich gerne einen Spruch weitergeben, den ich einmal gelesen habe:

Wenn wir horchen, spricht Gott, wenn wir gehorchen, handelt Gott.

Dieser Satz bewahrheitete sich auch in einer weiteren Geschichte, die ich dort in Israel erlebte. Nach einem langen und erlebnisreichen Tag wurde ich nach dem Abendessen von einer jungen Mitpilgerin angesprochen. Sie bat mich, für drei Personen, die ebenfalls in unserer Reisegruppe waren, noch zu beten. Sie hatte morgens im Gottesdienst beim Friedensgruß gehört, dass eine zur anderen gesagt hatte, deinen Frieden brauche ich nicht.

Eigentlich war ich furchtbar müde, sah aber die Notwendigkeit dieses Gebetes. So zog ich mich mit einigen andern in einen kleinen Raum zurück und wir beteten in dem Anliegen. Zumindest war das meine Intention und mein Wille. Allerdings konnte ich mich absolut nicht mehr konzentrieren. Aber etwas anderes geschah in meinen Gedanken. In einem inneren Bild sah ich mich mit diesen drei Personen an einem Tisch sitzen und über Versöhnung reden. Danach gab es mehrere Fragezeichen in meinem Kopf, die am kommenden Tag eine Auflösung erfuhren. Ich hatte wohl schon von diesem Charisma gehört, in dem Gott sich durch ein inneres Bild oder Wort mitteilt, und es auch selbst erfahren.

Unsere Reisegemeinschaft fuhr am nächsten Tag in die Wüste. Ich hatte furchtbare Kopfschmerzen und eine Tablette genommen. Als die andern den Bus für eine

Wüstenwanderung verließen, sprach mich einer der drei Personen, für die wir am Abend vorher gebetet hatten, an. Er war Arzt im Ruhestand und in Begleitung seiner Frau und Cousine. Er sagte: „Frau Anita, wenn Sie Kopfschmerzen haben, sollten sie nicht mit in die Wüste gehen. Bleiben Sie doch mit uns im Bus und setzen Sie sich doch bitte zu uns."

Mein Staunen war groß. Ich hatte das bisher zwar schon immer im Zug, aber noch nie in einem Bus gesehen. Aber dort gab es tatsächlich eine Sitzgelegenheit mit einem Tisch dazwischen. Mein Bild vom Vortag wurde mir deutlich und ich wusste, was ich zu tun hatte. Beide Frauen streckten sich nach Heilung aus. Ich gab Zeugnis von meinem Erlebten während meiner Krebserkrankung und gab meine Erkenntnis weiter, dass ohne Vergebung keine anhaltende Heilung möglich sei.

Wieder einmal wurde Gott mir als ein lebendiger, wirkmächtiger und wegweisender Begleiter bewusst. In einem neuen geistlichen Lied heißt es: **Komm Heiliger Geist, heile uns, fülle uns, lehre uns, sende uns!** Die Reihenfolge haben mein Mann und ich erfahren und sicher auch viele andere. Das Bewusstsein, dass Jesus Menschen immer wieder „beruft", um andere zu „rufen", hat schon zu Beginn seines Wirkens auf der Erde begonnen.

Gott hört unser Gebet

Unsere Reisegesellschaft war in dieser Zeit in Israel, auch durch unsere Erlebnisse, zu einer Gemeinschaft zusammengeschweißt worden. Wohl waren unsere einzelnen Wohnorte sehr weit auseinander, von Hamburg bis ins Allgäu und etliche dazwischen. Nun wollten wir uns gerne wiedersehen, und wir überlegten, wie und wo.

Unsere Familie hatte öfter Urlaub auf der Franziskushöhe in Lohr am Main gemacht. Das Haus, damals von Ordensfrauen geleitet, hätte sich wunderbar geeignet, war aber schon immer mindestens ein Jahr im voraus ausgebucht. Nun bat ich die Gruppe zu beten, dass dort eine Gruppe ausfallen möge. Das hört sich natürlich furchtbar egoistisch an, war aber ganz sicher nicht so gemeint. Wäre es so gemeint, würde Gott sicher dieses Gebet nicht erhören. Nein, Er wusste ja schon lange, was wir brauchten, und „stellte die Weichen".

Also rief ich dort an und erfuhr, dass dieses Haus an dem Termin, den Pater Cosmas uns genannt hatte, schon überbelegt war. Als ich der Schwester, die ich gut kannte, unsere Gebetsintention mitteilte, war sie wahrscheinlich geschockt. Aber nach einigen Tagen rief sie an und teilte uns mit, dass sich ein Pfarrgemeinderat an zwei Stellen angemeldet und jetzt bei ihnen abgesagt hätte. Eigentlich fand sie das empörend.

Als ich ihr allerdings sagte, dass Gott schließlich im voraus wusste, dass wir uns dort treffen wollten und jemand brauchte, der für uns buchte, als wir selbst es noch gar nicht ahnten, verstand sie und nahm uns gerne für vier Tage auf. Es waren wieder Tage mit einigen „Gottesbegegnungen".

Dieses Treffen war in einer Zeit, in der selbst die Bildungshäuser noch nicht unbedingt Fernseher und Videogeräte besaßen. Da dem Ehepaar, das die Israelreise organisiert hatte, ein wichtiger Film über den Glauben in die Hände gekommen war, wollten Sie den bei unserem Treffen in Lohr gerne zeigen. So hatte mein Mann die Oberin gebeten, im Ort bei einem Händler doch Fernseher und Videogerät zu leihen. Soweit war alles gut.

Nun saßen wir in der Aula, hatten die Schwestern und die anderen Gäste des Hauses eingeladen, die erwartungsvoll auf Pater Cosmas schauten, der verzweifelt versuchte, das Ganze in Gang zu bringen. Andere hatten gute Ratschläge, mein Mann versuchte vom Büro aus, den Händler zu erreichen. Schließlich war noch keine „Handyzeit", aber alles misslang.

Während ich mir diese Ratlosigkeit anschaute, kam mir der Gedanke, dass wohl nur Gott selbst uns aus dieser Misere heraushelfen könnte. Als wäre es das Selbstverständlichste, verließ ich die Aula, ging in die danebenliegende Kapelle, kniete mich vor den Tabernakel und sagte: „Herr, du siehst unsere ganze Unzulänglichkeit und möchtest doch auch, dass wir diesen Film anschauen. Bitte sag mir doch, wie wir das Ganze in Gang bringen." Und dann wartete ich – aber nicht lange. Dann war in meinem Inneren eine Stimme, die sagte: „Kanal 12 und dann den Knopf immer weiter nach links drehen, bis das Bild da ist." Und dann stand ich wieder in aller Ruhe auf, wie bereits gesagt, als sei es das Selbstverständlichste, und ging wieder zurück in die Aula. Ich fragte Pater Cosmas, ob ich es einmal versuchen könnte. Aber der total Genervte wehrte ab und sagte: „Wenn ich das nicht hinbekomme, schaffst Du es auch nicht." Dann bat ich ihn, doch einmal „Kanal" 12 (wir würden heute sagen Programm 12) einzuschalten und den Knopf immer weiter nach links zu drehen. Er tat es und – Bild und Stimme waren da! Es war am Abend Zeugnis und Thema über das Wirken unseres Gottes.

Dieses Erlebnis stärkte wieder einmal meinen Glauben und half mir, auch in der Zukunft so manches Mal mit Gott in einen Dialog zu treten. Man sollte sich das nicht so vorstellen, als hätte Gott mir regelmäßig Antwort auf meine Fragen gegeben. Nein, das geschah nur wenige

Male. Aber es half mir sehr oft, zu unterscheiden und in mir einen Eindruck für das Richtige zu erhalten.

Der Hauskreis

Eine weitere Geschichte, ist die der Gründung unseres Hauskreises:

Ich war zu Tagen des Gebetes bei der Gemeinschaft der Seligpreisungen. An einem Abend war ein Segnungs-gottesdienst, und Gott zeigte mir in einem inneren Bild einen Raum unseres Hauses, allerdings etwas verändert, in dem Menschen in einem Kreis saßen und beteten. Sie hatten alle leere Gesichter, bis auf eine Frau, in der ich eine Lehrerin aus Köln erkannte, mit der ich am Mittags-tisch geredet hatte. Außerdem waren drei Ordensfrauen in grauen Gewändern zu erkennen. Es gab ein Kreuz mit einer Ikonenampel an einer Wand und einen Teppich, der dort vorher auch nicht lag.

Dieses Bild brachte ich meinem Mann dann mit nach Hause und wir besprachen es.

Es wäre der zweite Abend in der Woche, denn wir fuhren ja immer noch in den Gebetskreis nach St. Augustin. Ein halbes Jahr später machten wir mit einigen aus diesem Kreis acht Tage Urlaub im Schwarzwald, und es gab einen kleinen Segnungsgottesdienst, bei dem mein Mann und ich dann nach vorne gingen und bei dem Priester unsere Bereitschaft erklärten. Wir sagten Gott, wenn dieses Bild von ihm wäre, dass er **alles** herbei führen müsse, was ich gesehen hatte, auch die Menschen.

Es dauerte nicht lange, da schenkte ein Priester mir ein Kreuz, durch einen befreundeten Diakon die Ikonen-ampel. Unsere Tochter zog in ein anderes Zimmer und legte den Teppich in diesen Raum. Sie alle wussten nichts von unserem Bild. Die Lehrerin, deren Gesicht ich ja in dem Bild erkannt hatte, trafen wir in Köln bei einem Treffen der Geistlichen Gemeinschaften. Wir sagten ihr, dass sie wohl eine verbindende Rolle spielen würde. Und so war es dann auch. Ein Ruhestandsgeistlicher, der aus der Diözese Essen gekommen war, hatte sie nach einem charismatischen Gebetskreis gefragt. Wir nahmen Kontakt mit ihm auf und schon in der darauffolgenden Woche beteten wir bereits zu sechst.

Die Lehrerin hatte noch drei weitere mitgebracht und so ging es weiter, bis wir 13 Personen waren. Auch die drei Schwestern vom Guten Hirten waren angekommen, allerdings in **schwarzen** Gewändern. Und so sagte ich: „Lieber Gott, Du hast alles so gefügt, wie Du es mir gezeigt hast. Nur einen ganz kleinen Schönheitsfehler gibt es da. Die Schwestern hatten in dem Bild ja **graue** Gewänder." Diese vorschnelle Feststellung wird Gott mir verziehen haben. Im Sommer kamen sie und hatten leichtere graue Gewänder an. Inzwischen weiß ich sehr genau, dass es bei Gott keine Schönheitsfehler gibt. Er hatte ohne jedes Zutun unsererseits dieses innere Bild in mir bestätigt und genau so gefügt. **Er hatte nur unsere Bereitschaft abgewartet** und sicher auch noch die eine oder andere Weiche gestellt. Es wurde der Fürbittkreis und die Lehreinheit für die größere Aufgabe in der Kölner City.

Heilung durch Vergebung

Die Schwestern aus dem Hauskreis kamen eines Tages mit einer Bitte. In ihrem Konvent gab es eine Mitschwester, mit der wir am kommenden **Montag** beten sollten. **Donnerstags** sollte sie operiert werden. **Eine kaputte Niere musste entfernt werden,** und was man mit der anderen, auch kranken Niere machen würde, wüsste man noch nicht. So beteten wir vor dem Allerheiligsten mit der Schwester um Gottes Wirken.

Mein Mann hatte ein inneres „Wald- und Wiesenbild", das ihm gar nichts sagte. Es war eine gefällte Tanne auf einer Lichtung, und ich hatte immer wieder das Wort Vergebung in mir. Wir sagten es der Schwester, und sie konnte sehr viel damit anfangen. Die gefällte Tanne war wohl eine gefällte Beziehung, die nicht in der Vergebung war. Bevor sie noch ins Krankenhaus ging, brachte sie diese Geschichte wieder in Ordnung und rief mich dann freitags an. Sie sagte: „Ich war ja gestern im Krankenhaus. Vor der OP hat man noch einmal einen Durchcheck gemacht. **Beide Nieren waren vollkommen in Ordnung.** Die Schwester lebt jetzt nach etwa fünfundzwanzig Jahren immer noch.

Hiermit möchte ich noch einmal auf die Notwendigkeit der Vergebung aufmerksam machen. Ohne Vergebung keine Heilung! Das ist die Erkenntnis meiner eigenen Krebsheilung, die Gott mir zeigte. Ich weiß, dass ich ohne vollzogene Vergebung und Versöhnung nicht hätte weiterleben können. Gott hat es mir auch später in vielen Gesprächen bestätigt, die ich mit Kranken hatte. Jesus lehrte es uns im „Vater unser":

Vergib uns unsere Schuld, wie auch wir vergeben (haben) unseren Schuldnern. Wir lesen es auch in der Heiligen Schrift im Gleichnis vom unbarmherzigen Schuldner, wie im ersten Teil des Buches bereits ausführlich erwähnt.

Gottes Führung durch die Heilung der Ordensfrau ging aber noch weiter. Sie war für die Seelsorge im Frauengefängnis in Köln zuständig. Keiner rechnete dort mehr mit ihrem Wiederkommen. Sie hat, als sie für die Frauen in unerwarteter Weise wieder auftauchte, Zeugnis über

Heilung und Vergebung gegeben. Hier wurden Frauen staunend fähig zur Vergebung ihren Familien gegenüber. Die Schwester schrieb mir einen sehr berührenden Brief darüber.

Herr, wir brauchen eine Segnungskirche im Herzen von Köln

1989 kam während eines Vortrages, den ich anhörte, bei mir der Impuls an, für eine Segnungskirche im Herzen von Köln zu beten. Das heißt, eine Kirche, wo es einen Gottesdienst geben konnte, bei dem die Charismen, wie sie von Paulus in Korinther 12 erwähnt werden. Mein Mann und das Diözesanteam, dem wir damals angehörten, prüften es, und wir nahmen das Gebet mit nach Hause. Wir beteten ein Jahr. Ich weiß noch gut, dass wir ungeduldig und fragend wurden und begannen, in die Kirchen der City zu gehen, um zu „hören und zu fühlen". Aber wir hörten nichts und fühlten nichts! Und irgendwann kam es dann von drei verschiedenen Seiten: Es war St. Kolumba! Die kleinste Kirche in der Kölner City wurde nach dem Krieg in die Ruine der großen zerstörten Kirche gebaut. Darum auch im Volksmund: Maria in den Trümmern. Ihre Statue mit dem Jesuskind war an einer Säule stehen geblieben.

Es waren wieder viele kleine Mosaiksteine, die Gott zu einem Bild zusammenfügte. Ich habe damals wieder einmal gelernt, was Führung Gottes ist. Und diese Erfahrungen dienen dazu, unseren Glauben und unser Vertrauen einmal mehr zu stärken. Gott hatte zunächst die Weichen stellen müssen, bevor wir dort ankommen konnten. Es kam ein Priester dorthin, bei dem uns Gott schon angekündigt hatte, und der uns dann Platz und Raum schaffte. Es begann eine fruchtbare Zeit. Man vertraute uns in einem Rohbau noch Möglichkeiten für eigene Räume an, die wir für unsere Gegebenheiten planen, einrichten und mieten konnten und so fertiggestellt wurden. Sie waren nur fünf Minuten vom Bahnhof entfernt und darum wunderbar zentral. Sie waren ideal für die Treffen der Gebetsgruppe, für das Durchführen der Glaubensseminare, für das Bibelteilen und auch, um Gemeinschaft zu leben und zu feiern.

Sechs Jahre später, als der Priester wieder versetzt wurde, kam unser Gebet wieder neu zum Tragen: Herr, wir brauchen eine neue Segnungskirche im Herzen von Köln. Und wir beteten wieder fast ein Jahr. Gott stellte in dieser Zeit wieder die Weichen. In meiner Heimatkirche im Oktober 1997 kamen nach einem Gebet in meinem Innern ganz klar die Worte: **die Apostelkirche**. Es ist eine große romanische Basilika in der Mitte von Köln. Mein Mann und ich gingen am kommenden Sonntag dort in die Hl. Messe – um zu „hören und zu fühlen"! Wir hatten erfahren, dass es auch dort seit drei Wochen einen neuen Pfarrer gab.

Wir sahen dort einen Priester, der uns kurz vorher noch im Dom begegnet war. Wegen eines Wolkenbruchs hatten wir uns damals dorthin geflüchtet. Und er blieb uns in Erinnerung, weil es ihm am Hauptaltar auf den Kopf geregnet hatte und er eine fröhliche Bemerkung dazu machte. Er hatte die Lacher auf seiner Seite.

Zwei Tage nachdem wir ihn dort in St. Aposteln wiedersahen, hatten wir einen Gesprächstermin, der so eindeutig war, dass er nicht deutlicher hätte sein können. Der Hl. Geist hat dieses Gespräch und die Einzelheiten von **beiden** Seiten so klar geführt, wie man vielleicht einen Stecker in eine Steckdose führt. Es passte! Der Vergleich ist vielleicht seltsam, aber uns Dreien kam es genau so vor. Wieder hatte Gott deutlich geführt.

Gemeinschaft

Wir trafen uns anfangs noch wöchentlich in „unseren" Räumen wie bisher, aber feierten die Gottesdienste in St. Aposteln. In Abständen gingen wir zu „Hörwochenenden", wie wir sie nannten, ins Kloster. Betend, hörend auf Gottes Wort und später im Austausch darüber waren wir meistens in der Kapelle.

An einem solchen Wochenende passte wieder alles zusammen: der biblische Text, die Eindrücke der Einzelnen und die Einheit.

Mehrere hatten den starken Eindruck, dass wir Gemeinschaft werden sollten. Wir prüften es und ließen es auch von außen prüfen. So erwuchs Pfingsten 1998 aus der charismatischen Gebetsgruppe die „Markus-Gemeinschaft". Unser Gemeinschaftsversprechen bestätigte der Pfarrer von St. Aposteln, Christoph Biskupek, mit seinem priesterlichen Segen.

Der Name kam folgendermaßen zu Stande: Uns war für das Wochenende aus der Apostelgeschichte 12,6-19 „Die wunderbare Befreiung des Petrus" geschenkt worden. Hier ging es darum, dass Petrus von einem Engel aus dem Kerker befreit wurde. *„Als er sich darüber klar geworden war, ging er zum Haus der Maria, der Mutter des Johannes mit dem Beinamen Markus, wo nicht wenige versammelt waren und beteten."*

Hier war fürbittend die junge Kirche versammelt, die gewiss auch für Petrus gebetet hatte. Das Resultat war Gottes Wirken.

Und genau so verstanden wir uns seit Jahren, versammelt und fürbittend. Ziel und Auftrag wurde es, Menschen in eine lebendige Gottesbeziehung zu führen. So gab es Eucharistische Anbetung, Exerzitientage, Glaubensseminare, Einkehrtage, Bibelarbeit und

Segnungsgottesdienste mit Heilungsgebet in vielen Jahren. Und es gab viele Situationen, die wir uns auf natürliche Art nicht erklären konnten.

Krankheit und Tod meines Mannes

Karneval 2005 fuhren wir für ein paar Tage in den Süden. Gut dort angekommen, wurde mein Mann am ganzen Körper gelb. Die Untersuchung ergab, dass die Leberwerte nicht stimmten, und wir machten uns sofort auf den Heimweg. Die Operation ergab einen bösartigen Tumor im Gallengang. Der Arzt, ein hervorragender Operateur, war mit uns zusammen glücklich und zufrieden: Die herausoperierten Enden waren ohne Befund. Wir waren unendlich dankbar und glücklich. Mein Mann fühlte sich gut, obwohl im Sommer die Leberwerte wieder nicht stimmten. Nach mehreren Untersuchungen wurde ein Tumor an oder in der Bauchspeicheldrüse diagnostiziert. Bei der Operation wurde deutlich, dass er bereits über der Leber lag und es keine Möglichkeit mehr gab.

Nun hatten wir ja in unserer Familie und auch von andern sehr viel Heilung in ausweglosen Situationen erlebt – aber auch viele sterben sehen. Wir beteten jeden Tag mehrere Male intensiv um Heilung. Den starken Glauben, den Gott mir geschenkt hatte, warf ich immer wieder neu in die Waagschale. Wir hatten Bücher gelesen über Situationen, in denen Gott Menschen im letzten Stadium aus dem Sterben heraus nahm, und wir hatten Menschen kennen gelernt, die bereits im Tod waren und die Gott ins Leben zurück holte und mit einem klaren Auftrag aussandte. Meine Aussage war: Herr, ich werde glauben, bis eine Stunde nach dem Tod. Dass wir Gott – auch nicht durch einen starken Glauben – zwingen konnten, war uns allerdings ebenfalls klar. So übergaben wir Ihm immer wieder neu die Situation. Es ging meinem Mann in den ersten Monaten noch recht gut, obwohl die Ärzte mir später sagten, dass er nur noch eine Lebenserwartung von 14 Tagen gehabt hatte. Er ging öfters ins Büro, erlebte aber immer mehr eine Schwäche, die er nur schwer annehmen konnte.

Mein Mann hatte vor den Operationen das Sakrament der Krankensalbung empfangen, auch das Bußsakrament und auch immer wieder die Eucharistie. Alle drei sind Sakramente der Heilung. Er wurde körperlich nicht mehr heil, aber er hatte bis zum Schluss keine Schmerzen und eine große Ruhe umgab ihn. Die letzten fünf Tage verbrachte er wirklich liebevoll betreut im Krankenhaus.

Am Sterbetag nahmen wir Abschied, wie von unsichtbarer Hand geführt. Ein Priesterfreund brachte ihm morgens noch die Kommunion und sie sangen zusammen: Beim letzten Abendmahle. Am späten Abend starb er. Er hörte einfach auf zu atmen. Ich war noch eine Zeit mit ihm alleine, konnte danken, beten, weinen; und auch später, als unsere Tochter und noch ein Ehepaar aus der Gemeinschaft dazu kamen, taten wir das Gleiche. Es war eine Atmosphäre im Raum, in der seine und Gottes Gegenwart für uns deutlich wurde.

Diese Erlebnisse und auch die Beerdigung mit vielen Zeichen und Gesprächen danach halfen mir – halfen uns, mit unseren Empfindungen klar zu kommen. Solange ich um Heilung gebetet hatte, hatte ich mir nicht erlaubt, darüber nachzudenken und mir auszumalen, wie es alleine weiter gehen würde. Ich fand im Computer noch einen Brief, in dem er noch einmal unser gemeinsames Leben aufrollte, und in vielen Ordnern, wie ich mit dem einen oder andern umgehen sollte. Wir waren 40 Jahre verheiratet und ich hatte 25 Jahre meine Krankheit überlebt, und so lange war es auch her, dass wir einen intensiven Weg mit Gott gegangen waren. Wir haben ihn erlebt im täglichen Leben, im Überleben und im Sterben.

Dass es danach nicht einfach ist, alleine weiter zu leben, brauche ich hier sicher nicht zu betonen. Ich glaube aber, eine Sicherheit zu haben, dass mein Mann den Tod in eine Ewigkeit hinein überlebt hat. Pater Buob hörte ich im Radio Horeb einmal sagen: Alles, was wir in Gottes Hände legen, erzeugt einen großen Frieden in uns. Es war mir Antwort, auf einen Frieden in mir, den ich mir oft nicht erklären konnte.

Ein Haus, vor dem ein Engel steht

Ein Jahr nach dem Tode meines Mannes besuchte ich gemeinsam mit meiner Tochter die „Januartage der Gemeinschaft Immanuel Ravensburg", den geistigen und geselligen viertägigen Jahresauftakt dieser Gemeinschaft, der meine Tochter angehört.

Ich schloss die Haustüre zu und bat Gott: „Lieber Vater, bitte stell einen Engel vor die Tür, damit ich noch alles wiederfinde, wenn ich wiederkomme." Es hatte einige Einbrüche in meiner Nachbarschaft gegeben.

An einem Abend während des Treffens waren wir alle in einem großen Saal versammelt und der Leiter sagte: „Bitte sucht Euch doch jemand, mit dem Ihr gegenseitig beten könnt." Eine junge Frau, die ich nicht kannte, kam auf mich zu, und so beteten wir füreinander. Plötzlich sagte sie: „Ich habe ein ganz komisches Bild, aber ich sage es Ihnen trotzdem, vielleicht können Sie etwas damit anfangen: Ich sehe ein Haus, vor dem ein Engel steht." Ja, ich konnte etwas damit anfangen und staune immer wieder neu über die Liebe Gottes, mit der er oft unsere Gebete bestätigt. (Innere Bilder, Worte, Eindrücke sind Charismen, die Gott schenkt, so wie Paulus sie in 1 Kor 12 beschreibt).

Gedanken zu diesem Buch

Liebe Leserin, lieber Leser, wenn Du dieses Buch gelesen hast, entsteht bei Dir vielleicht bei der einen oder anderen Geschichte der Eindruck: Ich bete und – zack, Gott antwortet.

JA – manchmal ist es so. NEIN – ganz sicher nicht bei allem. Manche Geschehnisse waren von Angriffen begleitet. So begann ca. 10 Jahre nach meiner Krebs-erkrankung und der erfahrenen Heilung eine Zeit sich immer wiederholender Schmerzen. Erst nach Jahren stellte man bei einer Operation einen Darmverschluss fest, der sich immer wieder geöffnet hatte und dadurch von den Ärzten nicht erkannt worden war. So war es in Abständen ständig zu furchtbaren Krämpfen gekommen, die ich hier nicht detailliert beschreiben kann. Wenn es mal wieder soweit war, litt mein Mann verzweifelt mit. Die Lösung bzw. die Operation fand auch erst zwei Jahre nach seinem Tode statt.

Wenn ich heute mit Abstand diese Zeit anschaue, weiß ich nicht, wie alles Geistliche möglich wurde, was gerade in dieser Zeit geschah. Es galt für meinen Mann und mich, jeweils das Geschäft zu führen – wir hatten Hilfe! Meine Mutter konnte nicht mehr allein sein und brauchte Pflege – ich bekam Hilfe! Bei allen Unternehmungen in der Gemeinschaft – erfuhren wir Hilfe! Hier kann ich auch nur Gott die Ehre geben.

Mut, Entscheidungskraft, Gelassenheit, Gottvertrauen, Treue und Gehorsam waren einige der Gaben, die Gott mir schenkte und die ich auch an meinem Mann erfuhr.

Wenn ich an Welttreffen der Charismatischen Erneuerung in Assisi, Fiuggi oder Rom, zu denen ich fuhr, zurückdenke, muss ich heute sagen, dass dies schon ganz schön mutig war. Da ich nur ganz wenige Dinge essen konnte, nahm ich ein Brot mit und aß davon, bis der Rest schimmlig war. Zwar waren wir in Italien, so dass ich auch Nudeln essen konnte, die ich vertrug. Trotzdem litt ich auch dort oft unter Krämpfen und starkem Unwohlsein.

Liebe Leserin, lieber Leser, wir können uns die Charismen nicht selbst zuschreiben, sie sind immer Gnadengaben, Geschenke. Aber wir können Gott darum bitten. ER baut auf unseren Begabungen auf.

Wie oben beschrieben, ging es noch einige Jahre so weiter bis durch Corona, einen kleinen Virus, sich alles veränderte. Die Markus-Gemeinschaft musste sich verabschieden. Eine neue Möglichkeit tat sich durch Online-Treffen und Online-Glaubensseminare auf. Gott ist Vater und liebt uns. Er liebt Sie! Bedenken Sie: ER hat keine Stiefkinder!

Es gab viele „Geschichten" in meinem – unserem Leben. In meinen Augen waren es kleine und größere Wunder. Einige habe ich hier aufgeschrieben, andere waren vielleicht zu persönlich. Für alle bin ich Gott unendlich dankbar, und alle halfen mir immer ein Stückchen mehr auf Ihn und meine Mitmenschen hin zu wachsen. Vor einigen Tagen schickte mir jemand diese wunderbaren Zeilen, deren Verfasser ich nicht kenne, die aber wunderbar in mein Leben passen.

Dank an Gott:

„Wenn ich Dich rief, so hast Du geantwortet.

Wenn ich Dich bat, so hast Du mir gegeben.

Wenn ich Dich lobte, so hast Du mir gedankt.

Und wenn ich Dir dankte, so hast Du mir noch mehr geschenkt."

Mit diesem Dank an Gott und viele meiner Mitmenschen und mit einem Psalmwort beende ich dieses Buch in der Hoffnung, dass es Dir, liebe Leserin, lieber Leser hilft, an einen liebenden, treuen, wirkmächtigen und lebendigen Gott zu glauben – und es zu erfahren.

„Vollkommen ist Gottes Weg, das Wort des Herrn ist im Feuer geläutert."

Ein Schild ist er für alle, die sich bei ihm bergen."
Psalm 18,31